CHEFS-D'OEUVRE

DE

L'ART ANTIQUE

AVEC UN TEXTE EXPLICATIF EN REGARD,

PAR

M. P. D. DE SAINT-SYLVESTRE.

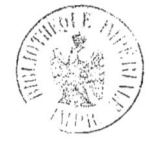

ALBUM

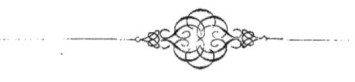

PARIS
PARENT DESBARRES, LIBRAIRE-ÉDITEUR,
28, RUE CASSETTE.

1859

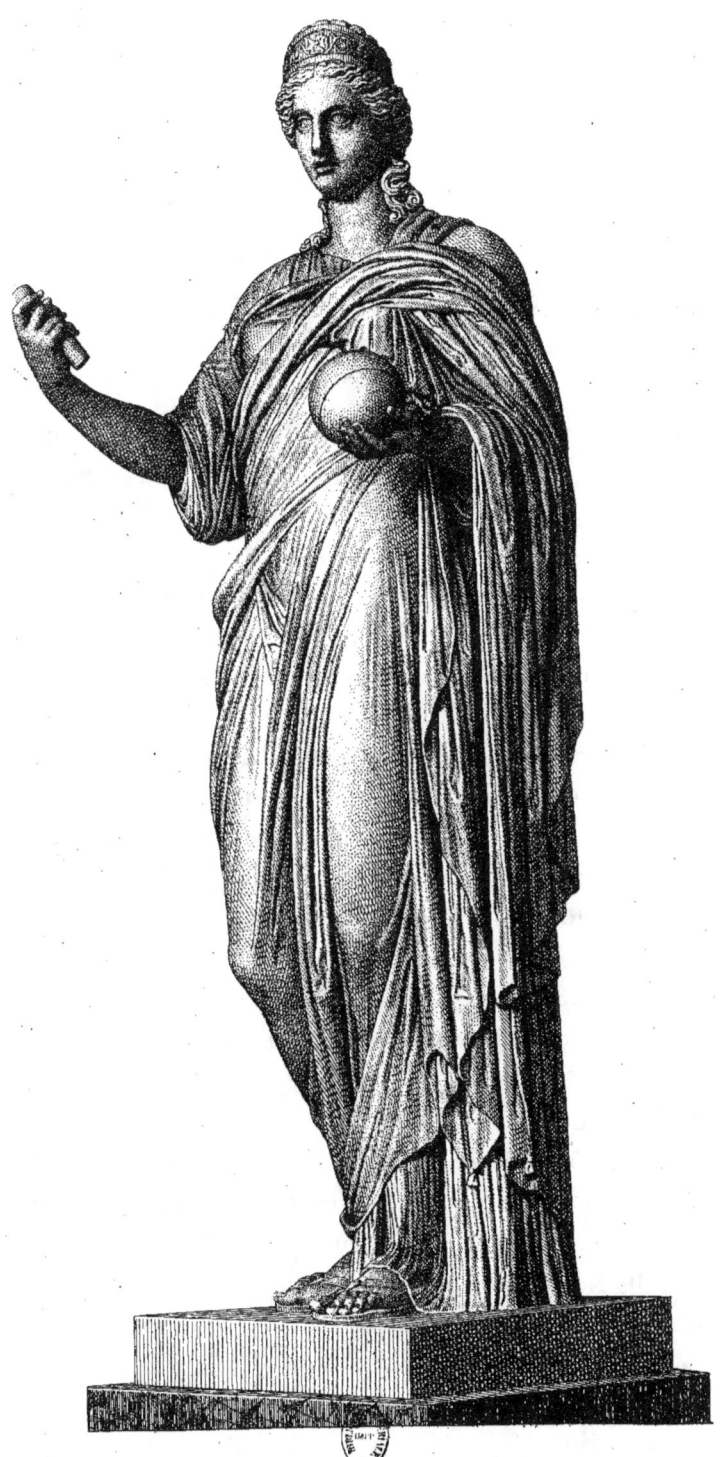

LA PROVIDENCE.

I

LA PROVIDENCE.

Dispensatrice de tous les biens, la Providence est ici représentée sous l'image d'une jeune femme tenant un globe à la main, emblème des soins et des bienfaits qu'elle étend sur tout l'univers.

L'ornement qui décore la tête de ce monument, désigné par les artistes sous le nom de *Diadème*, était l'attribut des plus grandes Déesses et entre autres de la reine des dieux.

Le mouvement de la figure est plein de noblesse. Si la draperie du corps, qui semble se détacher du sein pour retomber sur les bras, offre un de ces effets rapides et passagers que le sculpteur n'admet pas toujours, elle n'en est pas moins admirable par son agencement rempli de majesté et de grâces.

La tête est d'une beauté élevée et sévère et l'exécution de ce monument est excellente dans tout son ensemble.

Les Grecs avaient élevé, à cette Déesse, un temple célèbre dans l'île de Délos, où on lui rendait un culte particulier. Plus tard, les Romains l'admirent au nombre de leurs divinités tutélaires, et la représentaient tenant à la main une corne d'abondance et un globe à ses pieds. Ils lui donnaient pour compagnes les déesses *Antevorta* et *Postvorta*. La première présidait aux souvenirs du passé, et la seconde aux événements de l'avenir.

II

JUNON.

Cette statue est une des plus remarquables que nous ait léguées l'antiquité.

La tête de la Reine des dieux est du plus beau caractère et la figure offre un heureux mélange de majesté, de grâce et de bonté.

La disposition du manteau de l'épouse de Jupiter est pleine de vérité et de noblesse, ainsi que l'agencement des plis de sa tunique.

La bonne exécution et l'habileté de l'artiste se font sentir dans tout l'ensemble de ce beau travail, par une touche large et moins fine que celle qui se remarque ordinairement dans les draperies antiques de vêtements de femme; il a su exprimer dans celle-ci, avec un sentiment aussi vrai que juste, la nature simple et épaisse qui la compose; ainsi, ce qui semble au premier coup d'œil une négligence, devient, après un examen attentif et sérieux, une preuve de goût et d'habileté.

La fille de Saturne était particulièrement honorée à Samos, à Argos, à Olympie, à Carthage et à Rome. Elle était représentée assise sur un trône, le diadème sur la tête, le sceptre à la main et un paon à ses côtés; derrière elle, Iris, sa fidèle messagère, déployant les couleurs de l'arc-en-ciel.

Le temple d'Argos était surtout renommé par le culte qu'il rendait à Junon; on y célébrait ses fêtes par le sacrifice d'une hécatombe de cent taureaux. On y voyait la Déesse sur un char brillant traîné par deux paons, le front couronné de lis et de roses et tenant le sceptre royal; près du temple, coulait une fontaine où la Déesse venait souvent se baigner et dont les eaux bienfaisantes avaient la propriété de rendre la jeunesse et la beauté.

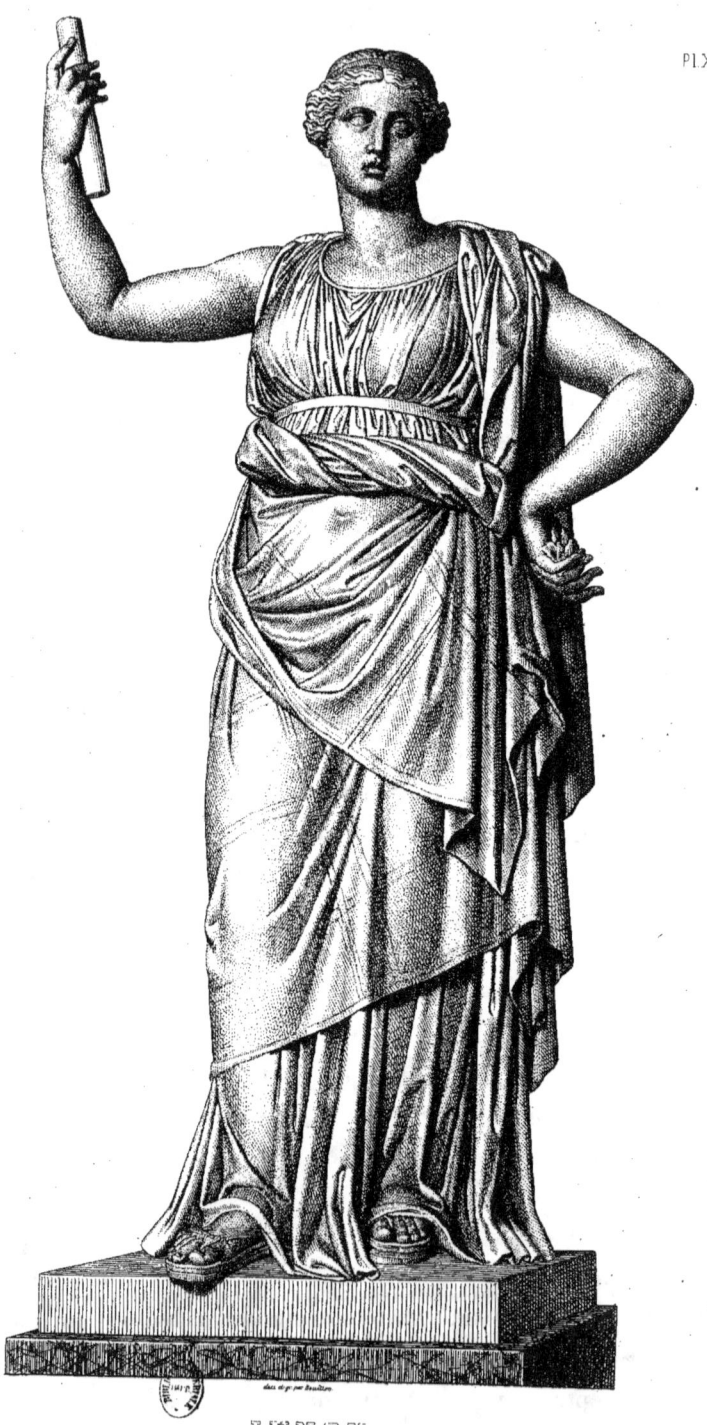

JUNON.

MINERVE.

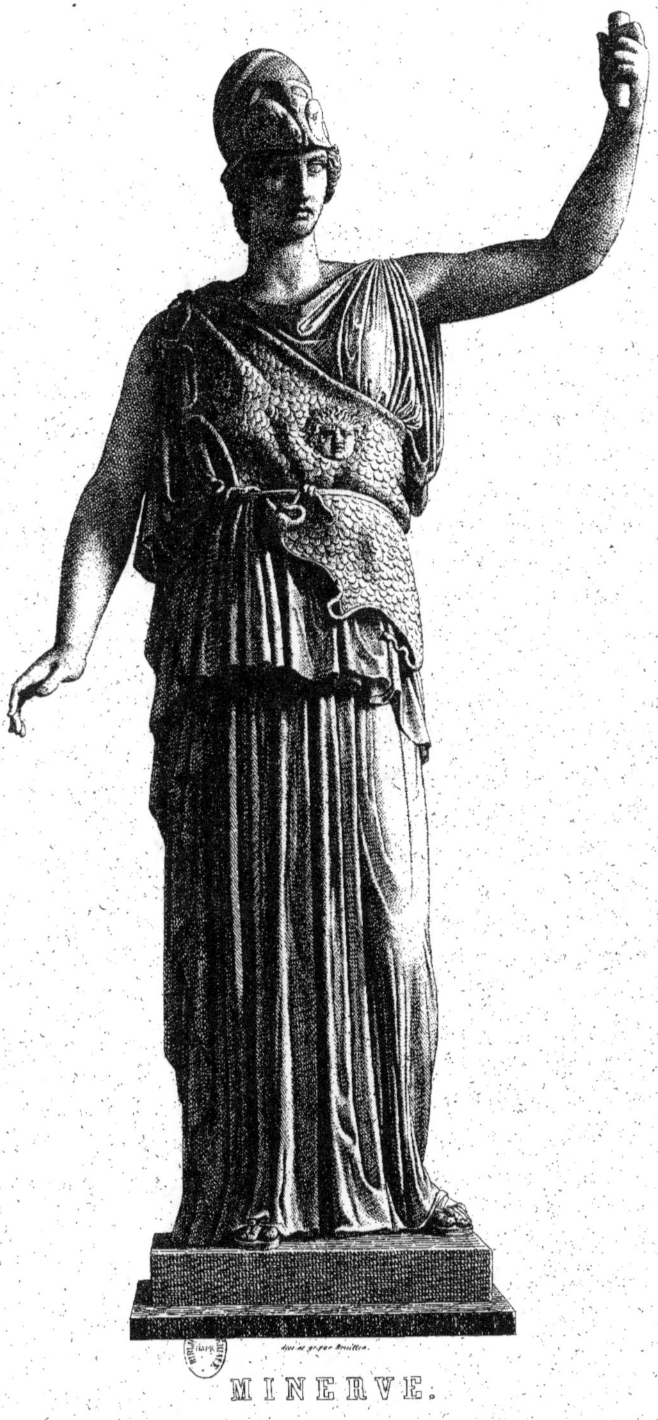

III

MINERVE.

Cette statue, qui représente la Déesse de la sagesse, des arts et de la guerre, est un chef-d'œuvre du premier ordre; elle offre une attitude ferme et décidée et un accord harmonieux dans tous ses détails; sur des formes purement modelées, une draperie jetée avec élégance et noblesse semble d'elle-même embrasser et retracer tous leurs contours; elle charme l'œil tout à la fois, par l'agréable variété de ses plis et par d'heureux rapports qui lui donnent en quelque sorte le mouvement et la vie. L'exécution de cette draperie est une merveille de l'art. On ne peut rien imaginer au-dessus du sentiment et de la délicatesse avec lesquels elle a été touchée, fouillée dans toutes ses parties.

L'égide de la Déesse, disposée avec autant d'intelligence que de goût, de la plus grande vérité, tissue d'écailles et bordée de serpents, est non moins admirable que la draperie par le détail prodigieux et le fini incomparable de son exécution. Ce délicieux travail est d'une telle exactitude d'imitation qu'il rivalise avec la nature elle-même.

La fille de Jupiter était honorée d'un culte tout particulier à Athènes, qui lui devait son nom. On se rappelle qu'avant la chute de Troyes, les habitants de cette ville célèbre gardaient pieusement dans le temple qu'ils avaient élevé à Minerve, sa statue, qu'ils appelaient le *Palladion*, et auquel ils attachaient le salut de leur patrie. Ulysse et Diomède, pendant le siége, ayant pénétré par un souterrain secret dans ce temple, enlevèrent le Palladion, et la ville ne tarda pas à tomber en leur pouvoir.

IV

DIANE.

La Déesse de la chasse est ici vêtue d'une tunique plissée et relevée par une ceinture jusqu'au genou ; son manteau, en forme d'écharpe, jeté avec élégance sur son épaule, se presse autour du corps et vient retomber en plis gracieux au bas de sa tunique. Ses jambes sont nues et ses pieds enveloppés dans de riches sandales. Représentée au milieu d'une course rapide, elle s'arrête subitement et porte avec vivacité la tête vers le côté opposé ; son regard paraît fier et animé, et tandis que de la main droite elle saisit une flèche, la gauche se pose avec grâce sur la tête d'une jeune biche, qui semble implorer sa protection. Sa chevelure, couronnée par un diadème, laisse apercevoir un front haut et sévère.

Admirable dans tous ses détails, cette statue offre des formes qui semblent dépouillées de tout ce que l'humanité a de terrestre et de grossier et pour ainsi dire, ne laissent plus apercevoir, dans leur caractère souple et ferme, que les perfections divines dont l'imagination se plaît à parer la chaste Déesse, c'est-à-dire la grâce, la pudeur virginale, la souplesse du corps, l'agilité et la force et un air de noblesse et de fierté un peu sauvage. La draperie dont Diane est revêtue est non-seulement d'une vérité frappante d'exécution, mais encore d'une élégance et d'une sévérité de style remarquables. Les jambes, et surtout la gauche, sont des chefs-d'œuvre. La pose est neuve, animée et profondément conçue. La beauté de la tête n'a rien de mortel. On peut dire avec toute vérité que ce monument est l'un des plus admirables de l'antiquité.

Diane avait un temple célèbre à Éphèse, où elle était honorée d'un culte tout particulier ; il était d'une telle magnificence, qu'on le mit au nombre des sept merveilles du monde. On l'invoquait, sur la terre, sous le nom de Diane ou déesse de la Chasse et de la Chasteté. Dans le ciel elle s'appelait Phœbé, ou déesse de la Lune, comme Apollon, son frère, était le dieu du Soleil. Dans les enfers, on la désignait sous le nom d'Hécate ; là elle présidait aux enchantements et aux expiations.

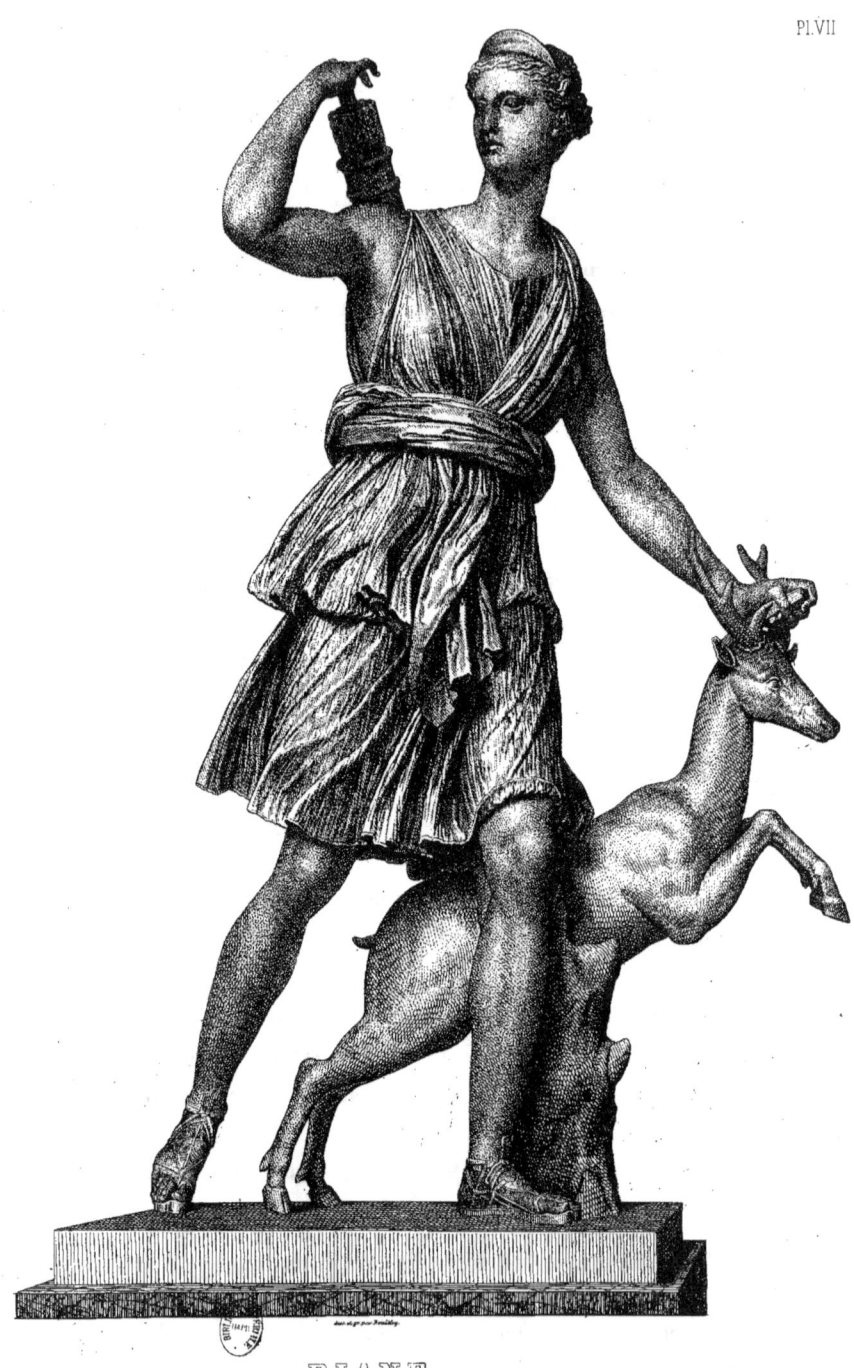

DIANE.

Pl. XLIV

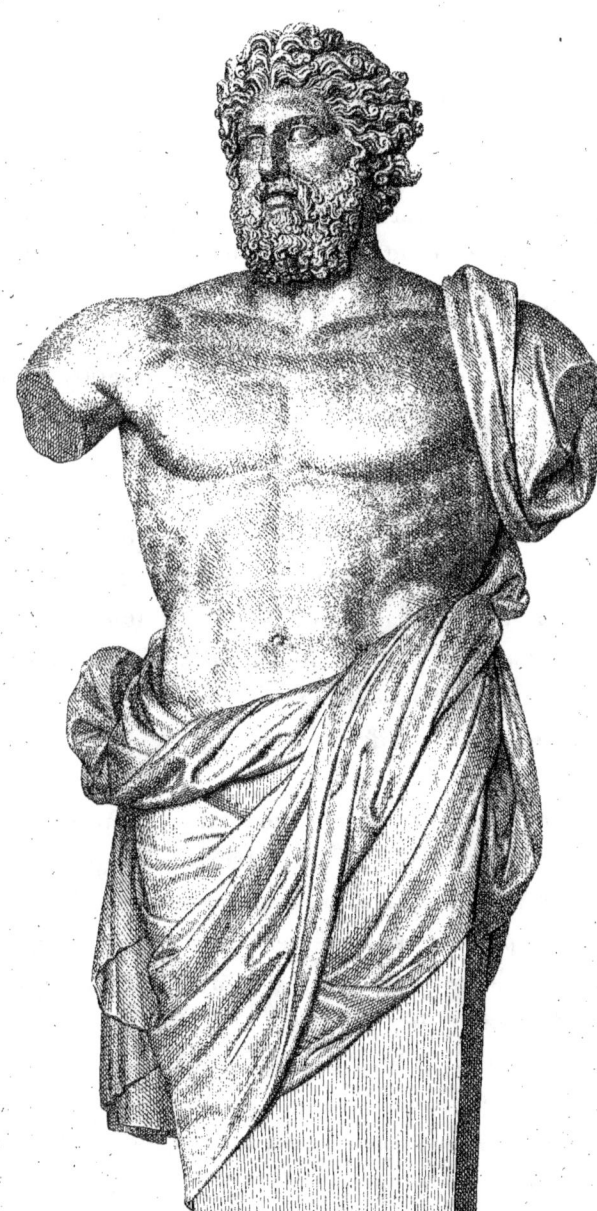

JUPITER.

V

JUPITER.

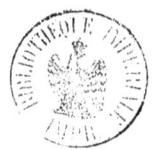

A tous les caractères de puissance et de majesté empreints sur ce monument, on reconnaît le roi de l'Olympe ; il nous offre en effet, tout à la fois le Jupiter sublime et le Jupiter terrible ; ses cheveux, au lieu de descendre sur les joues, se relèvent presque horizontalement, comme portés en arrière par une agitation surnaturelle, ce qui forme, avec le calme imposant des traits, un contraste dont l'effet est subit et inexprimable.

Nous sommes portés à croire, et avec juste raison, qu'il doit être une excellente copie du Jupiter olympien de Phidias ; ce chef-d'œuvre, déclaré inimitable par l'antiquité, produisit une telle admiration dans la Grèce, qu'on publia qu'il avait ajouté à la religion et fortifié le sentiment religieux parmi les peuples, en leur offrant l'image même du souverain des dieux.

Si nous admirons en particulier dans cette statue l'expression sublime et la beauté majestueuse de la tête, le corps n'est pas moins digne de notre admiration par la noblesse soutenue des formes, l'accord harmonieux des plans et la pureté des contours. Les cheveux, fouillés avec une adresse de ciseau étonnante, peuvent être comparés à tout ce qui existe de plus parfait en ce genre. Enfin tout y révèle la main d'un des plus grands maîtres de l'antiquité.

Jupiter est ordinairement représenté assis sur un trône d'or ou d'ivoire, tenant la foudre d'une main et un sceptre de l'autre ; à ses pieds est un aigle aux ailes déployées, son corps est à découvert jusqu'à la ceinture et le reste se trouve enveloppé dans d'épais nuages, ce qui semble indiquer qu'il est visible pour les Dieux de l'Olympe et invisible pour les mortels.

VI

LIVIE EN CÉRÈS.

Ce monument rappelle les plus beaux jours de l'art à Rome. La pose de la figure est noble, simple, naturelle; les draperies peuvent supporter la comparaison avec tout ce que l'antiquité nous offre de plus parfait. Le jet est d'une élégance exquise, et la souplesse jointe à la légèreté qu'on y admire, en font une œuvre des plus remarquables. La tête est finement terminée, quoique moins étudiée que le reste.

D'après les savantes recherches de Visconti, cette statue n'est autre que Livie, épouse d'Auguste, dont l'influence sur l'esprit de cet Empereur fut si puissante qu'elle parvint à lui faire adopter, comme son successeur à l'Empire, au détriment de ses propres enfants, Tibère, l'un des fils qu'elle avait eus de Tiberius Claudius Nero, son premier époux.

On sait qu'à Rome les plus hauts personnages se faisaient souvent représenter avec les attributs d'une divinité.

Cette femme célèbre, dont les traits sont ici reproduits avec fidélité, sut captiver Octave pendant tout le cours de son règne, plus encore par les charmes de son esprit que par sa rare beauté; son ascendant irrésistible se fit même encore longtemps sentir sous le règne de son fils Tibère, qui ne se livra à ses cruels instincts qu'après la mort de Livie, dont la présence et les conseils avaient été un frein assez puissant pour le retenir, bien qu'il le supportât déjà depuis longtemps avec la plus vive impatience. On accuse cependant cette première Impératrice d'avoir fait périr secrètement les enfants d'Auguste pour assurer le trône à Tibère, et l'on ajoute même qu'elle poussa l'ingratitude et la cruauté jusqu'à faire empoisonner son époux et son bienfaiteur, pour hâter l'élévation de Tibère à l'Empire.

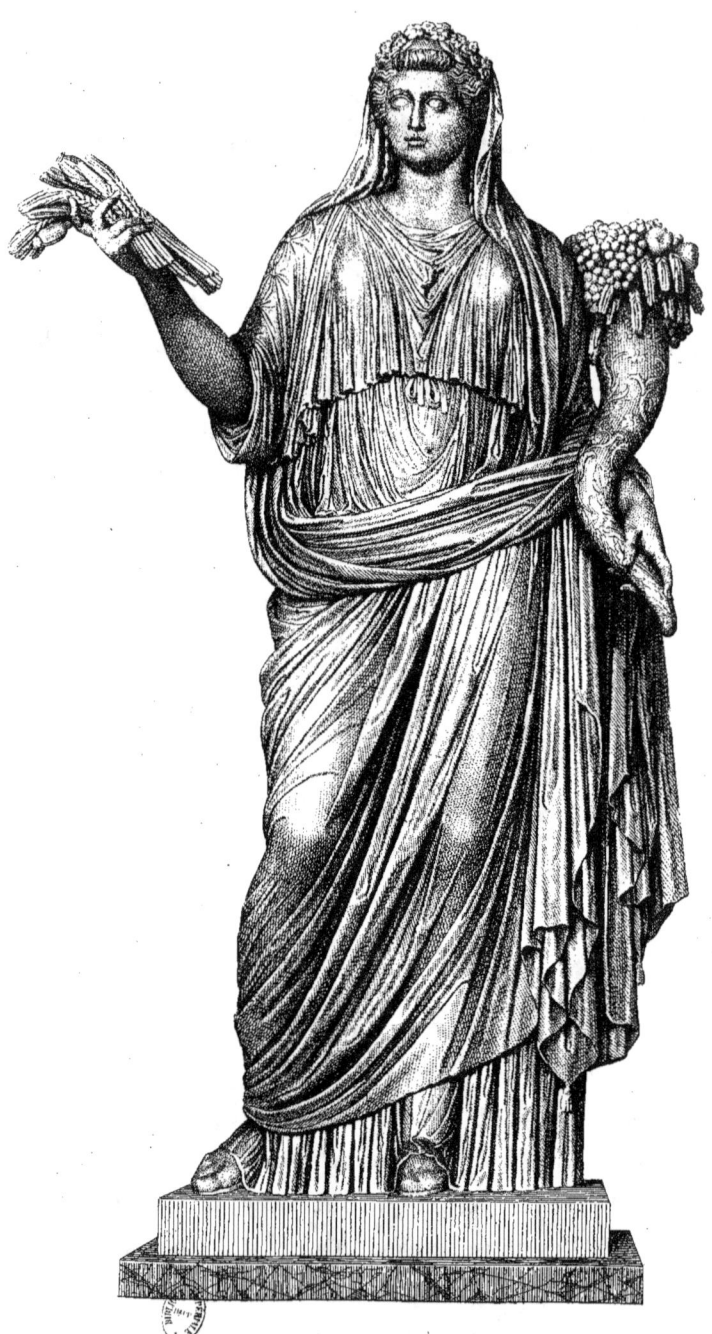

Pl. II.

LIVIE EN CÉRÈS.

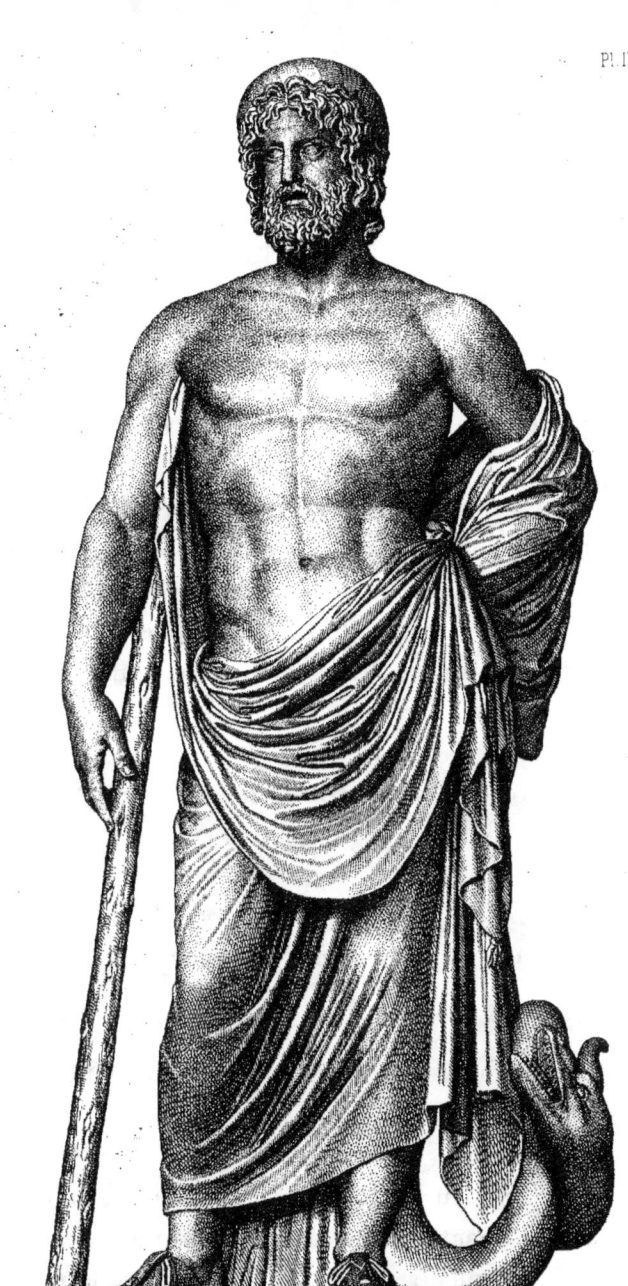

ESCULAPE.

VII

ESCULAPE.

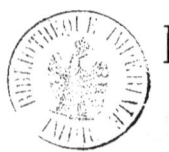

Cette statue représente le dieu de la Médecine, revêtu d'un vaste *pallium* ou manteau, qui laisse à découvert une partie du torse et des bras, tourne autour des reins et couvre toute la partie inférieure du corps. Il est chaussé d'épaisses sandales et s'appuie sur un bâton dont le bout est caché sous l'aisselle; à ses pieds se trouve le serpent, emblème de la santé et de la vie. La tête d'Esculape est coiffée d'une espèce de turban, attribut qu'on retrouve dans la plupart des portraits de médecins connus de l'antiquité.

L'attitude de la figure est simple et majestueuse et le jet du manteau rempli de grâce, de noblesse et d'élégance.

Ce monument est une conception d'un grand style, et on peut le considérer comme une excellente copie de quelque original fort célèbre.

La tête, dont le caractère est très-beau, est également traitée avec beaucoup d'art et de délicatesse.

Esculape était fils d'Apollon et de Coronis; confié par son père, dès le berceau, aux soins du centaure Chiron, celui-ci lui enseigna l'art de guérir et lui apprit à connaître et à étudier la vertu et la propriété des plantes. Ce dieu était particulièrement adoré à Épidaure, à Athènes, à Bergame et à Smyrne.

Le coq et le serpent, symboles de vigilance et de prudence, lui étaient consacrés et formaient ses attributs.

VIII

FLORE.

L'expression souriante de la figure de cette statue, la richesse de ses vêtements, les fleurs qu'elle tient à la main gauche, sont autant de caractères frappants dont la réunion fait aisément reconnaître la Déesse aimable qui préside au printemps et à laquelle il doit son éclat et sa parure. A son aspect, la terre semble quitter le deuil pour se revêtir de ses plus riches ornements.

La tête, quoique fort agréable, est d'un style peu sévère. La draperie, jetée avec beaucoup de vérité et exécutée avec une adresse de main fort rare, pèche cependant un peu par un soin trop minutieux.

Cependant l'ensemble de ce monument n'en est pas moins rempli de charmes et d'élégance, et la draperie dont nous venons de parler, offre d'ailleurs dans son agencement un aspect nouveau qui fixe l'attention des artistes les plus habiles.

Cette Divinité romaine était inconnue dans la Grèce. Son culte s'introduisit à Rome dès la fondation de cette ville, et 500 ans après on y établit en son honneur ces jeux floraux devenus si célèbres dans tout l'empire romain. Plus tard, une licence effrénée s'introduisit dans ces fêtes, qui se célébraient au milieu du bruit et des cris d'allégresse d'une foule immense en délire.

Les Romains avaient élevé, vis-à-vis le Capitole, un temple célèbre à la Déesse des fleurs, où on lui rendait un culte particulier; elle y était représentée sous la figure d'une jeune nymphe, la tête couronnée de roses et tenant de la main gauche une corne d'abondance.

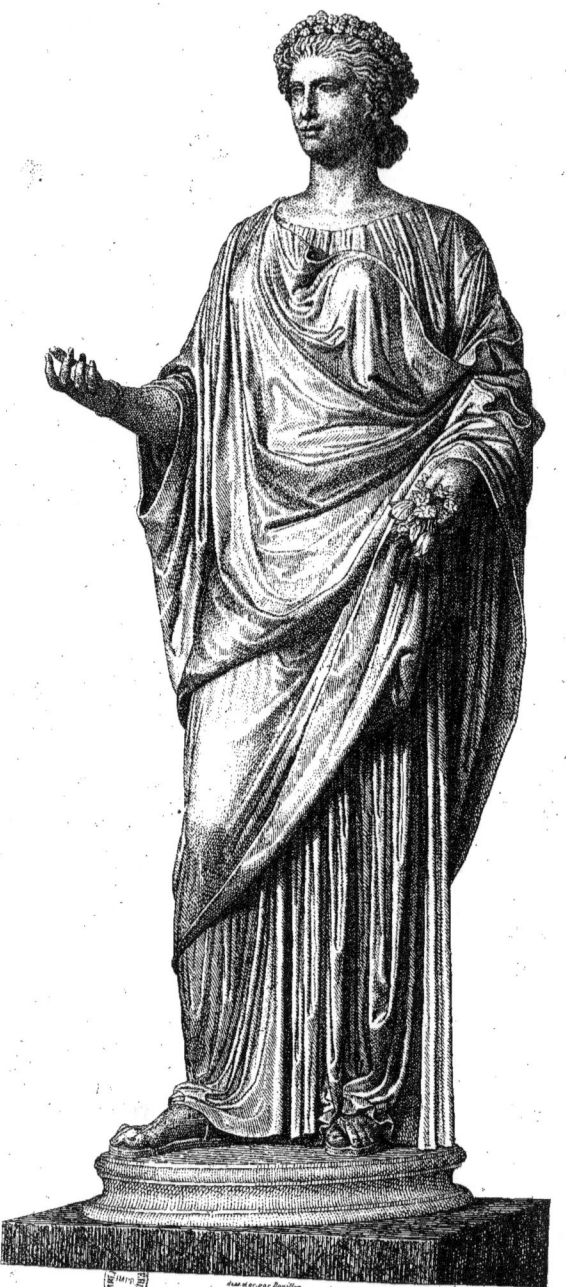

FLORE.

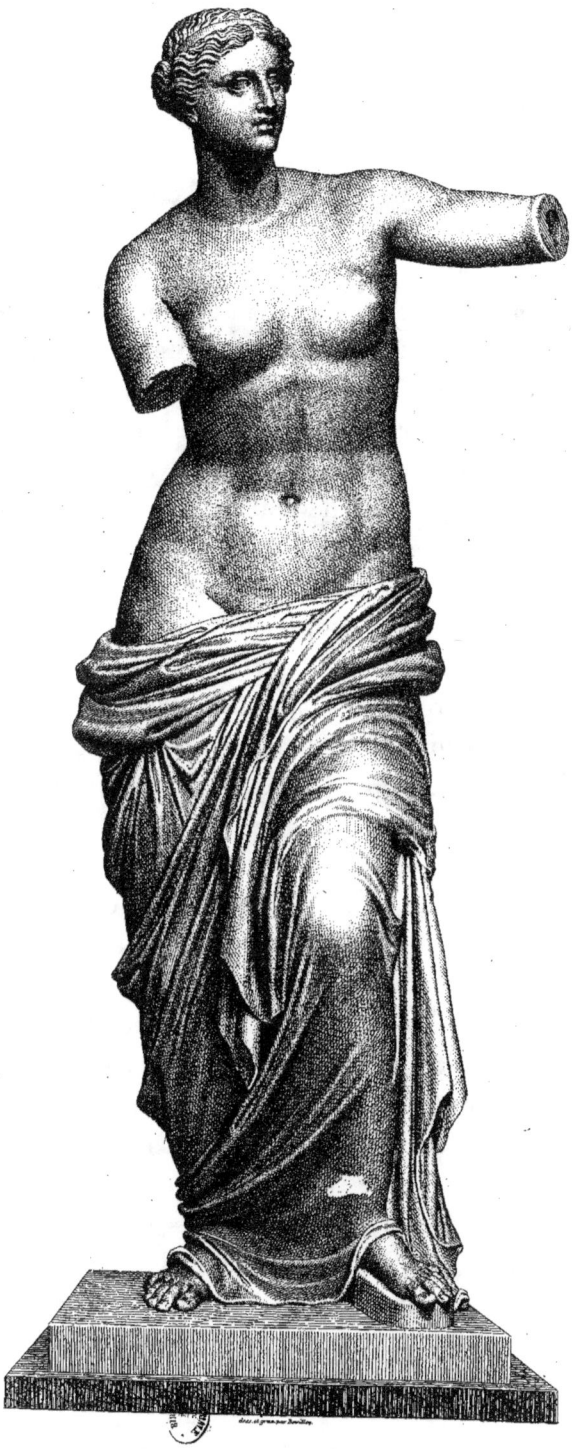

VÉNUS DE MÉLOS.

IX

VÉNUS DE MÉLOS.

Cette célèbre et admirable statue, qui a fait époque dans l'histoire de l'art, fut découverte en 1820, dans l'île de Mélos (aujourd'hui Milo), sur l'emplacement même de l'ancienne cité qui portait ce nom et dont il reste encore de nombreux vestiges. C'est par les soins du comte de Marcellus et par un concours singulier de circonstances heureuses, que ce chef-d'œuvre est devenu la propriété et l'ornement du Musée; la France, en possédant ce miracle de l'art, n'a plus rien à envier à l'Europe. De l'aveu des artistes les plus habiles, c'est une œuvre d'un ordre supérieur, d'un mérite extraordinaire, porté au plus haut degré de perfection que l'art puisse atteindre et qu'ils attribuent au ciseau même de Praxitèle. On distingue la Vénus de Mélos des statues parvenues jusqu'à nous, et dont nous admirons l'expression naïve et voluptueuse, par l'esprit de vie dont elle est animée, par cette inspiration merveilleuse dont nous ne pouvons donner ici qu'une idée imparfaite, tant la parole est impuissante à dire ce qu'elle est et les impressions qu'elle fait éprouver. Le génie de l'artiste est partout : correction parfaite de dessin, pureté exquise de contours, idéal de beauté dans tout ce que l'imagination peut concevoir. En un mot, ce chef-d'œuvre de l'art, dernier effort du génie de Praxitèle, offre ce type de beauté idéale indubitablement créé et consacré par ce grand artiste, dans le plus bel âge de la sculpture. En effet, cette merveille réunit à elle seule toutes les perfections des monuments les plus célèbres des différents âges de la sculpture antique, et aucun d'eux n'a produit d'impression aussi profonde que la statue la Vénus de Milo, devant laquelle tous les autres chefs-d'œuvre pâlissent.

X

APOLLON MUSAGÈTE.

Ce n'est plus le dieu qui répand la lumière, c'est ici le compagnon des Muses, qui préside à leurs chants et inspire leurs adeptes.

Couronné de lauriers et vêtu d'une longue tunique, ses doigts errent sur une lyre suspendue à son cou; son regard élevé vers les cieux semble exprimer les transports divins dont il est animé, et que sa bouche exhale en sons les plus doux et les plus mélodieux.

Cette statue est un des plus beaux types qui soient parvenus jusqu'à nous.

Aucun monument de l'antiquité ne peut offrir une plus noble et plus belle composition, un jet de draperie d'un plus grand style et d'une simplicité plus élégante; une inspiration sublime éclate dans tous les mouvements de la céleste figure du Dieu de l'harmonie, dont la tête est du caractère idéal le plus ravissant et le plus élevé.

Tout porte à croire que ce monument pourrait bien être une bonne copie de ce célèbre Apollon joueur de flûte, chef-d'œuvre de Timarchide, et qui décorait le fameux portique d'Octavie.

Tout le monde sait que le Dieu du jour, des arts, des lettres et de la médecine, né à Délos, était fils de Jupiter et de Latone; poursuivi par la vindicative Junon, il fut chassé du ciel par le souverain des dieux, réduit à la condition de simple mortel; enfin, rappelé dans l'Olympe après une longue disgrâce, il obtint la direction du char du soleil, et fixa son séjour au milieu des Muses, dont il présidait les chants et les réunions.

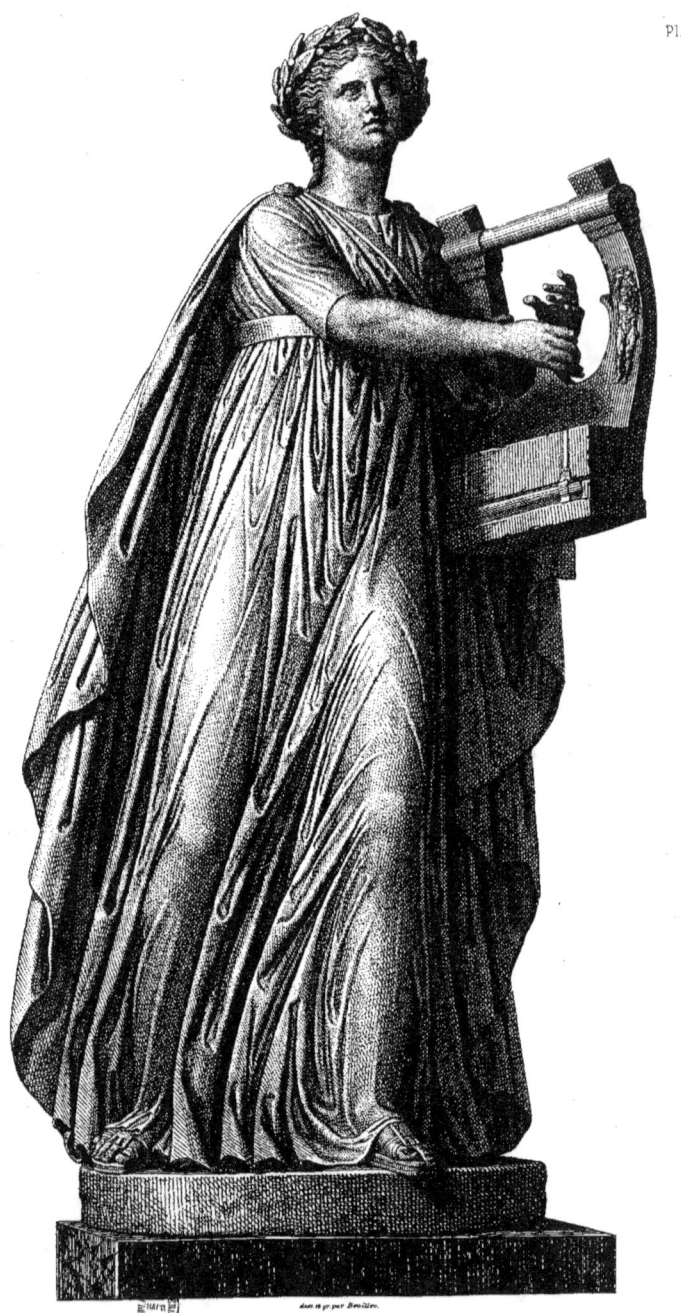

APOLLON MUSAGÈTE.

Pl. XVII.

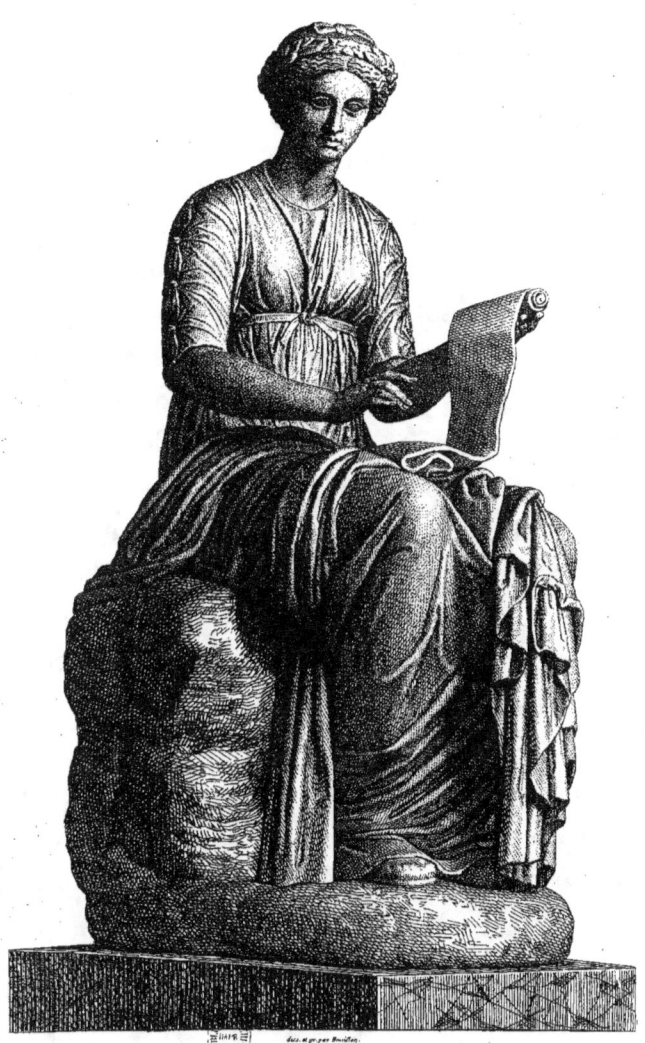

CLIO.

XI

CLIO.

Le nom de cette Muse, la première des neuf Sœurs, et qui présidait à l'histoire, signifie *gloire et renommée*. Elle est ici représentée assise sur un des rochers du Parnasse, revêtue d'une étroite tunique dont les manches sont attachées dans leur longueur avec des espèces de boutons. Son manteau se replie autour de ses reins et vient envelopper toutes les parties inférieures de son corps. Sa chaussure est celle qu'on portait au théâtre et diffère des sandales du plus grand nombre des personnages héroïques, en ce qu'elle enveloppe entièrement le pied sans aucun enlacement.

On reconnaît facilement, à la légèreté du volume qu'elle tient élevé entre ses mains, la feuille de papyrus dont les Grecs se servaient pour écrire l'histoire.

La pose, le jet des draperies, le caractère général de la figure de cette statue respirent une grâce inimitable, et l'on y retrouve la naïveté ravissante du style grec dans son plus haut degré de perfection.

Clio était fille de Jupiter et de Mnémosyne, déesse de la Mémoire; chacune des neuf Muses avait ses attributs particuliers; elles habitaient ensemble et tour à tour le Parnasse, le Pinde, l'Hélicon ou le mont Piérius. Le Dieu des beaux-arts et de l'harmonie, le divin Apollon, avait établi son séjour au milieu des neuf Sœurs et présidait à tous leurs chants et à toutes leurs réunions.

XII

EUTERPE.

Cette Muse, dont le nom veut dire *agréable*, présidait à la musique et aux jeux où le son des instruments, et particulièrement celui de la flûte, devenait une partie des fêtes ou des spectacles.

Comme Clio, on la représente ici assise sur un des rochers du Parnasse, sur lequel elle s'appuie de la main droite, et de la gauche elle tient une flûte.

Son costume ne diffère de celui de la Muse de l'Histoire que par des sandales et sa tunique gauffrée et sans manches.

Le motif de la draperie ajustée de manière à envelopper le corps, est entièrement semblable, avec des détails différents, mais non moins gracieux.

Rien n'est aussi admirable, dans la plupart des figures des neuf Sœurs, que cette heureuse variété, qui donne à ce même jet du manteau un aspect toujours neuf et attrayant.

On attribuait à cette Muse l'invention des instruments de musique, et en particulier de la flûte. Les poëtes nous la dépeignent la tête couronnée de fleurs, entourée de tous les attributs de la musique, de la lyre, du hautbois, du chalumeau, etc. Elle présidait également à toutes les fêtes champêtres où se faisaient entendre de doux accords.

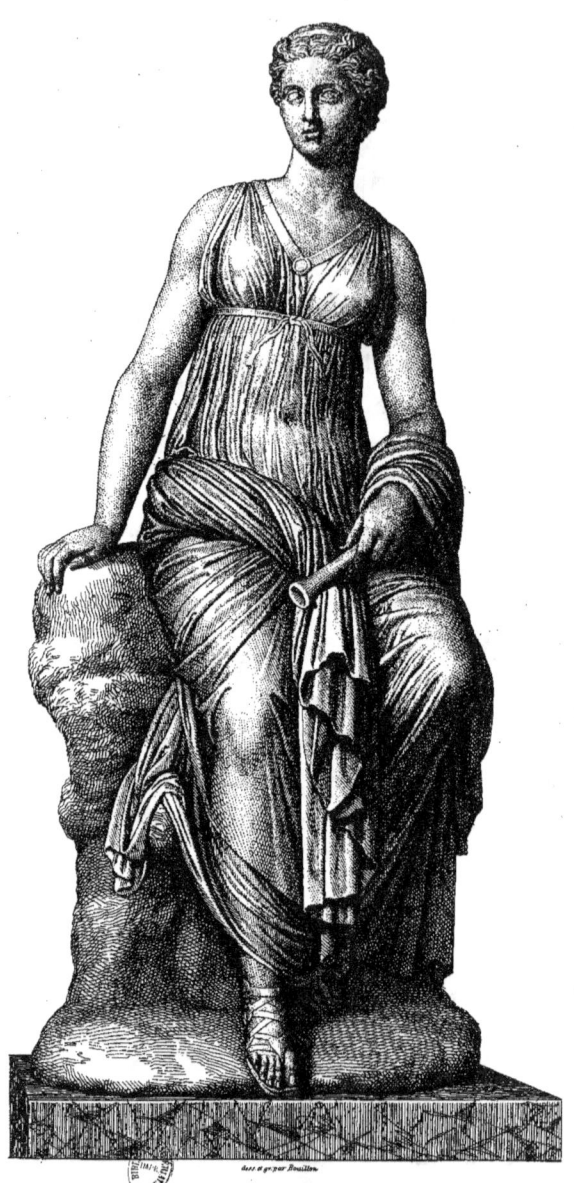

EUTERPE.

Pl XVIII.

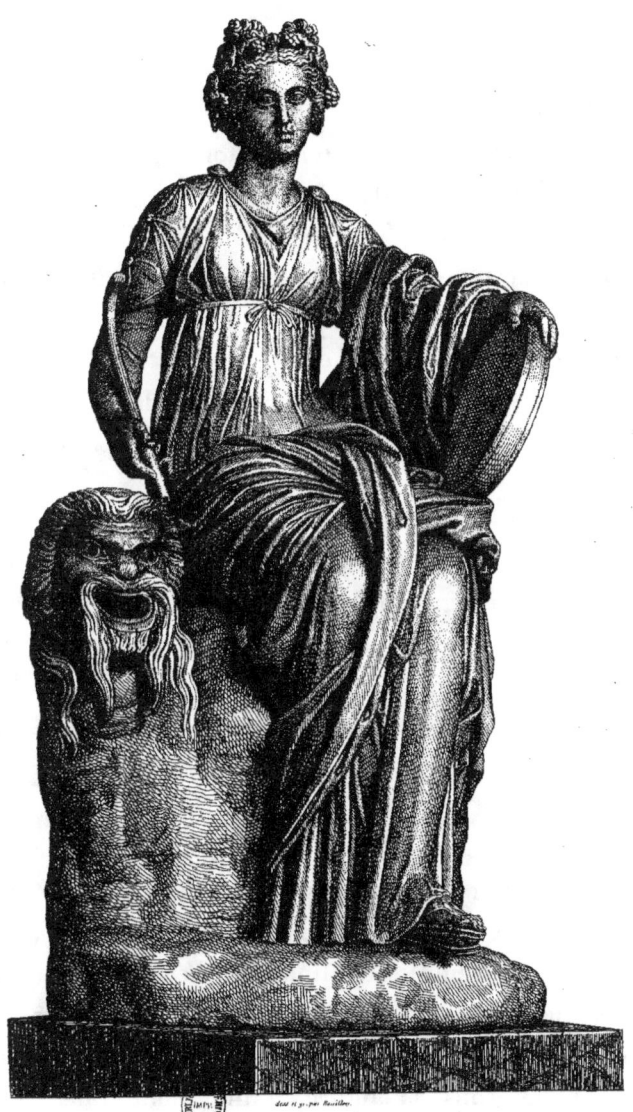

THALIE.

XIII

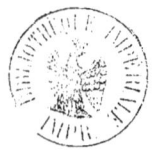

THALIE.

La Muse de la Comédie s'offre ici à nos regards, la tête ornée d'une couronne de lierre et un bâton pastoral à la main droite, l'un des attributs des acteurs de l'antiquité.

Comme Clio, elle est revêtue de la tunique à manches courtes et du manteau scénique, avec un agencement dont le motif général est le même, mais dont les détails présentent de notables changements. Sa pose est différente de celle des deux Muses dont nous venons de parler, et l'exécution en est bien préférable.

Le travail du ciseau a, dans ce monument, une sorte de franchise et de facilité qui semble indiquer une main originale; la tête, du caractère le plus agréable et coiffée avec une rare élégance, se fait remarquer par une délicatesse de touche exquise. Ainsi que dans les deux statues qui précèdent, la grâce parfaite de l'ajustement et la naïveté charmante de l'attitude offrent le même intérêt.

Le nom de cette Muse veut dire *Fleur*. On peut le regarder comme un emblème qui permettait parfois, au milieu des nobles délassements auxquels elle présidait, de répandre quelques fleurs, à la mémoire et au souvenir des actions des héros représentés sur la scène, parmi les pénibles récits qui rappelaient leurs infortunes et leur vie trop souvent agitée. Les poëtes représentent ordinairement Thalie sous la figure d'une jeune fille, à l'air joyeux et folâtre, la tête couronnée de lierre, et tenant un masque à la main; il en est quelques-uns, parmi ces derniers, qui nous l'offrent sous le costume d'une jeune bergère tenant une houlette à la main.

XIV

MELPOMÈNE.

A la physionomie noble et sévère, à la pose et à l'attitude hardie et singulière de cette statue, on reconnaît facilement la Muse jeune encore, au regard expressif, qui préside aux jeux sanglants de la tragédie, et raconte les infortunes des héros de l'antiquité, victimes du destin et aux prises avec le malheur; son front couronné de lierre est ombragé de cheveux épais; le mouvement du pied gauche élevé et appuyé sur un rocher semble, par son attitude affectée, avoir je ne sais quoi de mystérieux et de consacré.

Son corps est revêtu d'une tunique talaire à longues manches, recouverte d'une autre tunique courte, et son manteau scénique jeté sur l'épaule gauche vient se replier gracieusement autour de son bras droit.

Tout cet ajustement est d'un grand style et de la plus parfaite élégance; la tête, d'une expression vraiment sublime et pleine de sentiment, est coiffée avec une grâce originale qu'on ne saurait trop admirer.

Ce travail est dû à un ciseau délicat dirigé par une main fort habile.

Le nom de Melpomène, en grec, signifie *récits ou chants de vers héroïques*, nobles attributs de cette Muse de la tragédie. Les poëtes la représentent jeune encore, richement vêtue et chaussée du cothurne, la figure grave et imposante, et la tête ornée d'une couronne. Elle tient d'une main un sceptre et de l'autre un poignard, symbole des vicissitudes de la vie des héros dont elle retrace l'histoire.

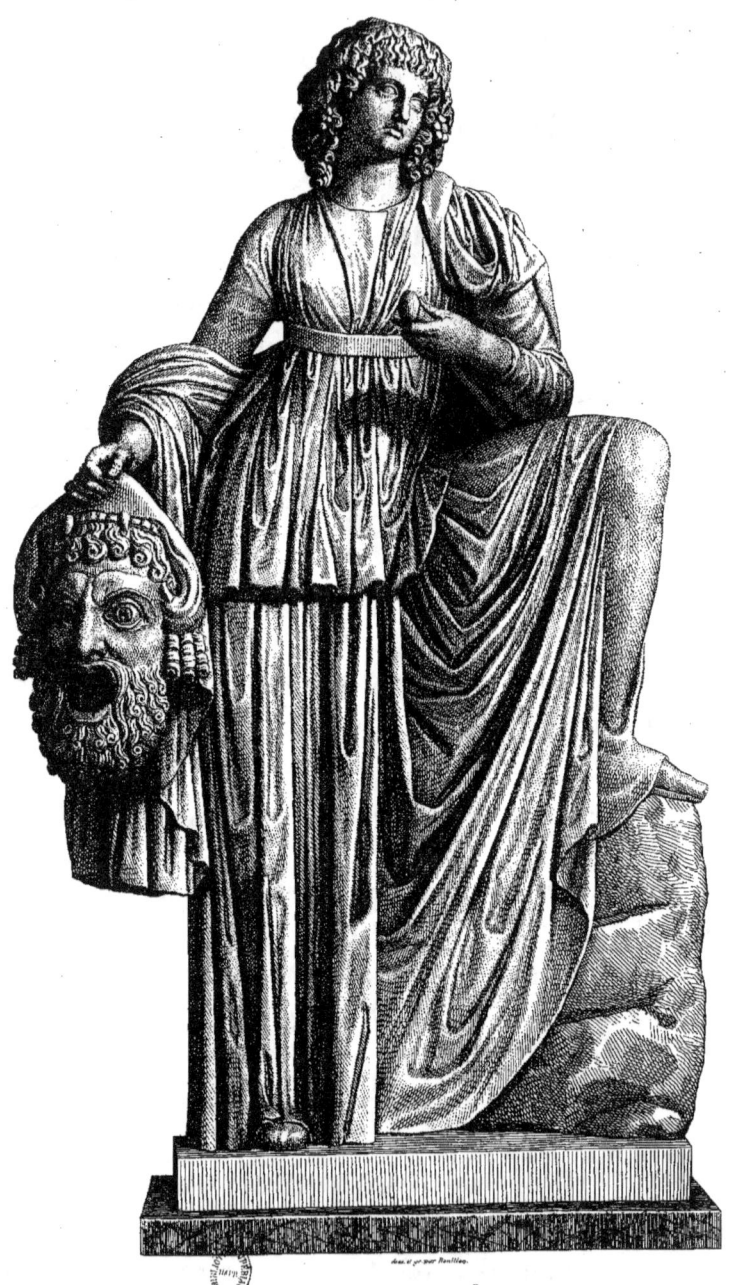

MELPOMÈNE.

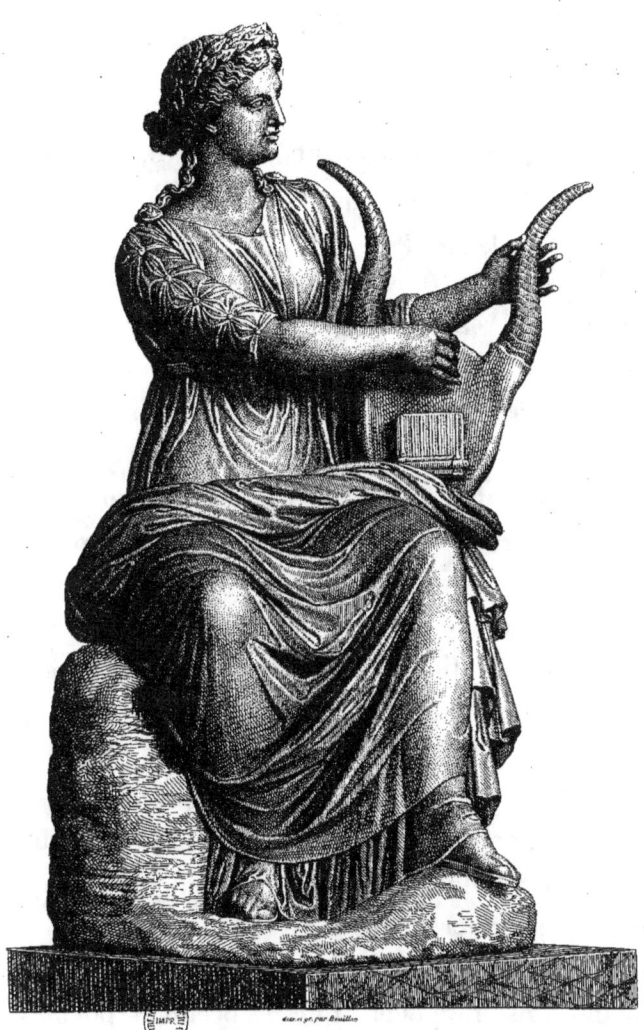

TERPSICHORE.

XV

TERPSICHORE.

Cette Muse, qui préside aux chants héroïques, aux harmonieuses inspirations de la lyre et aux jeux folâtres de la danse, est ici représentée, comme la plupart des neuf Sœurs, assise sur les rochers de l'Hélicon, revêtue d'une tunique à manches courtes et d'un manteau qui se replie sur le bras gauche, pour venir tomber sur les genoux et envelopper la partie inférieure du corps. Son mouvement indique les accords qu'elle essaie de tirer de sa lyre, dont la forme curieuse se compose d'une écaille de tortue d'où s'élèvent deux cornes de chèvre appelées par les anciens cornes de la lyre. Sa chaussure est la même que celle des autres Muses.

La pose, l'agencement des draperies, la conception entière de la tête attirent l'admiration des artistes, qui regardent ce monument comme une œuvre de premier ordre.

D'après des notions superficielles, la plupart des modernes attribuent exclusivement à Terpsichore le goût frivole de la danse, tandis qu'il résulte, d'après l'opinion générale des anciens, qu'elle se consacrait particulièrement aux chants religieux héroïques et aux plus sublimes inspirations. Cette erreur ne surprendra personne, quand on se rappellera que les premiers poëmes composés en l'honneur des dieux se chantaient dans les temples, en même temps qu'on exécutait des danses devant leurs images et autour de leurs autels. Ainsi s'expliquent et le nom et les nobles attributs que les écrivains et les poëtes de l'antiquité accordent à cette jeune et intéressante Muse.

XVI

ERATO.

Jeune et belle, vive et enjouée, et l'une des Muses les plus attrayantes, son nom seul indique son caractère et ses doux et joyeux ébats. Elle présidait à la poésie lyrique et anacréontique, et réunissait sous son sceptre les plus gracieuses attributions.

Sa physionomie, ses mouvements, tout en elle annonce de tendres et nobles chants, qu'elle accompagnait presque toujours des sons mélodieux de la lyre, qu'on lui accorde pour attribut.

Ses vêtements se composent, ainsi que ceux de la plupart des Muses que nous venons de décrire, d'une tunique à manches courtes et fendues, sur laquelle est jeté un manteau dont l'agencement est toujours de la plus parfaite élégance.

La pose en est fort belle et l'ajustement plein de charmes et de grâces.

Le style noble et naïf de ce monument rappelle les plus beaux jours de l'école grecque.

Des poëtes représentent Erato, sous les traits d'une nymphe, jeune et folâtre, couronnée de myrte et de roses, tenant de la main gauche une lyre et de la droite un archet. A ses côtés ils placent un Amour tenant un flambeau allumé.

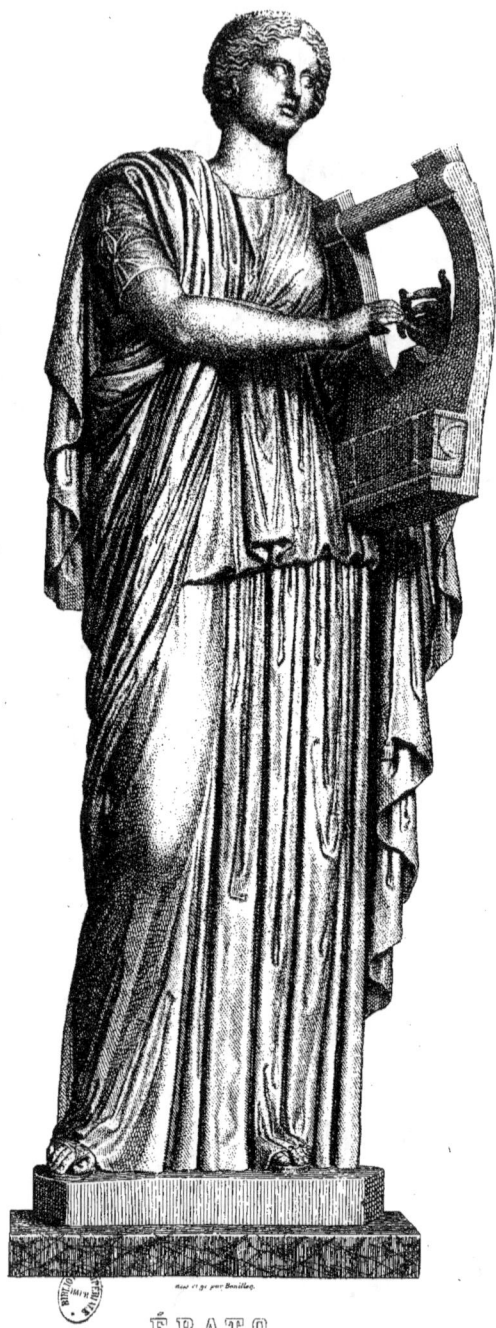

ÉRATO.

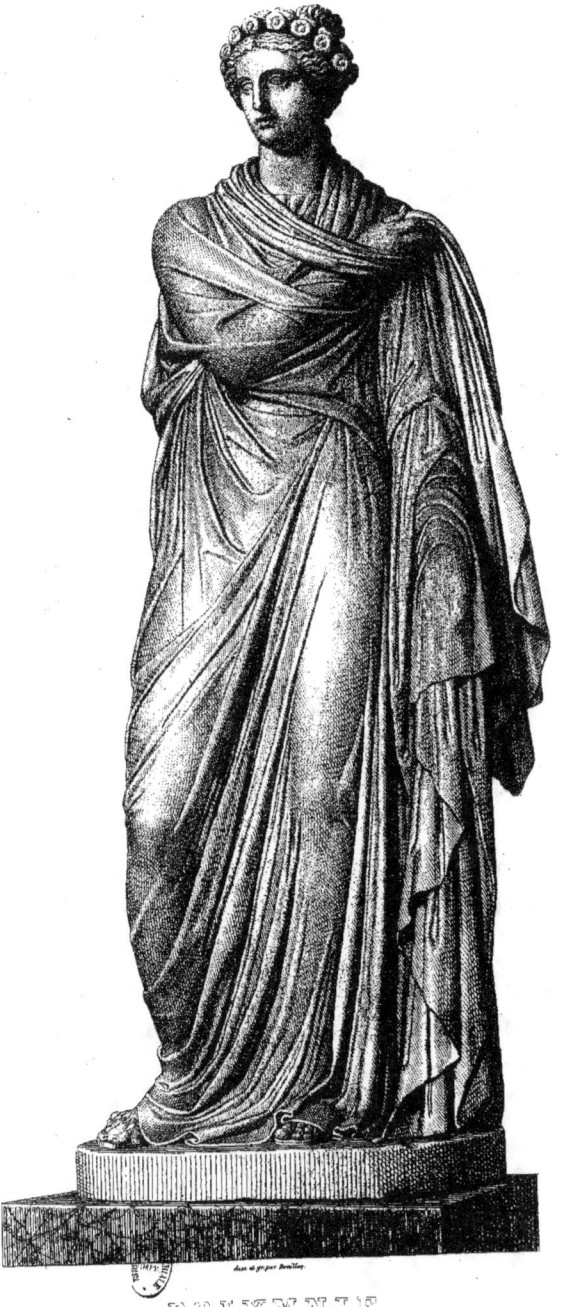

POLYMNIE.

XVII

POLYMNIE.

La Muse de l'éloquence et de l'harmonie, dont le nom grec signifie *hymne*, est la seule qui n'ait pas d'attribut.

Elle est représentée ici dans un recueillement profond, et, par un mouvement simple et naturel, s'enveloppant avec grâce dans son manteau; son âme semble détachée des objets qui l'environnent pour ne s'occuper, dans la méditation et le silence, que de souvenirs déjà éloignés et presque effacés de la mémoire des hommes. Sa tête est parée de la couronne de roses dont les poëtes grecs décoraient le front des Muses.

On ne peut rien voir de plus noble que le caractère et l'expression de la tête de cette statue dont le regard semble inspiré. Rien de plus parfait que le jet de sa vaste draperie.

Enfin tout, dans ce monument, annonce une haute inspiration. Cependant il laisse quelque chose à désirer dans l'exécution.

Les anciens accordaient particulièrement à Polymnie le don divin de la mémoire et la connaissance exacte de tout ce qui tenait aux temps mythologiques. La pose, le geste et l'attitude de cette noble Muse, tout en elle exprime ici d'une manière énergique ce jugement de l'antiquité.

XVIII

URANIE.

Représentée ici sous la figure d'une fille jeune et belle, la Muse de l'Astronomie tient d'une main un volume, et de l'autre un globe terrestre. Elle semble faire un léger mouvement, pour relever sa tunique. Son front est ceint d'une couronne étoilée, et par cet emblème indique les nobles occupations auxquelles elle se livre.

Cette statue offre beaucoup d'intérêt par le mouvement aussi neuf que gracieux de la tunique dont elle est revêtue, et par le jet non moins heureux du manteau qui la recouvre.

Le motif de la draperie réunit la noblesse et l'élégance. Les poëtes représentent cette jeune et brillante Muse, dont le nom grec signifie *ciel*, revêtue et entourée de tous les attributs que réclament les études sérieuses auxquelles elle s'adonne; ils nous la peignent éclatante de jeunesse et de beauté, vêtue d'azur, le front orné d'un simple diadème parsemé d'étoiles, un globe à la main, et le regard fixé vers le firmament, pour en étudier l'admirable harmonie.

Le travail du ciseau, sans cependant s'élever jusqu'au sentiment des grands maîtres, est très-ferme et offre de la variété.

Pour tous les autres détails, nous renvoyons nos lecteurs à la description que nous avons déjà donnée du costume des Muses.

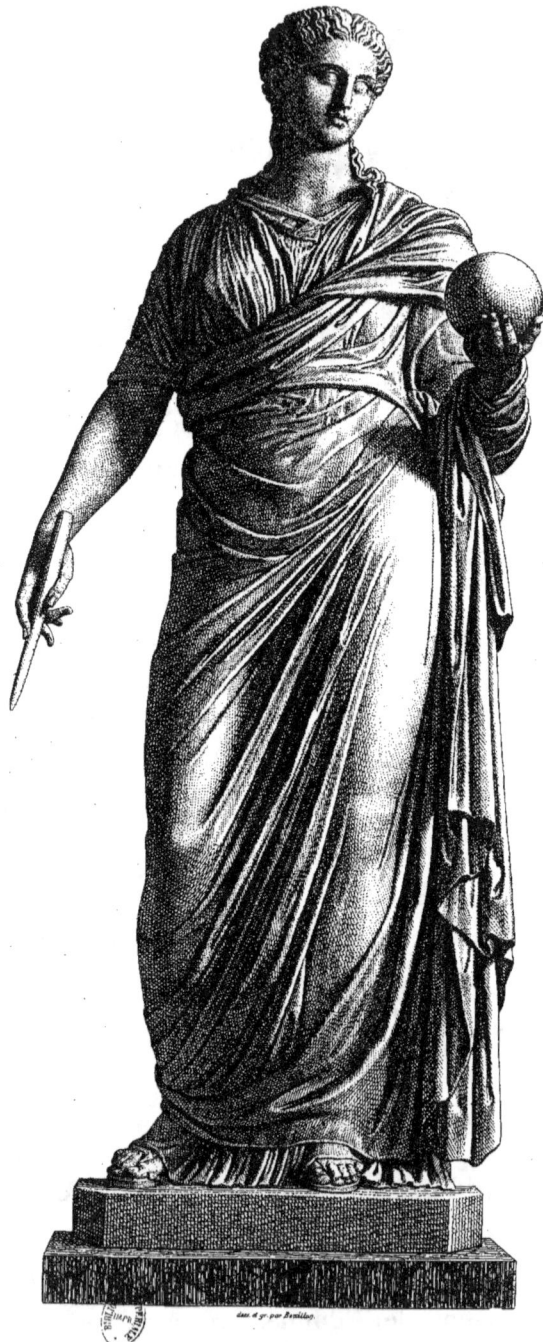

Pl. XXIII.

URANIE.

Pl. XXIV.

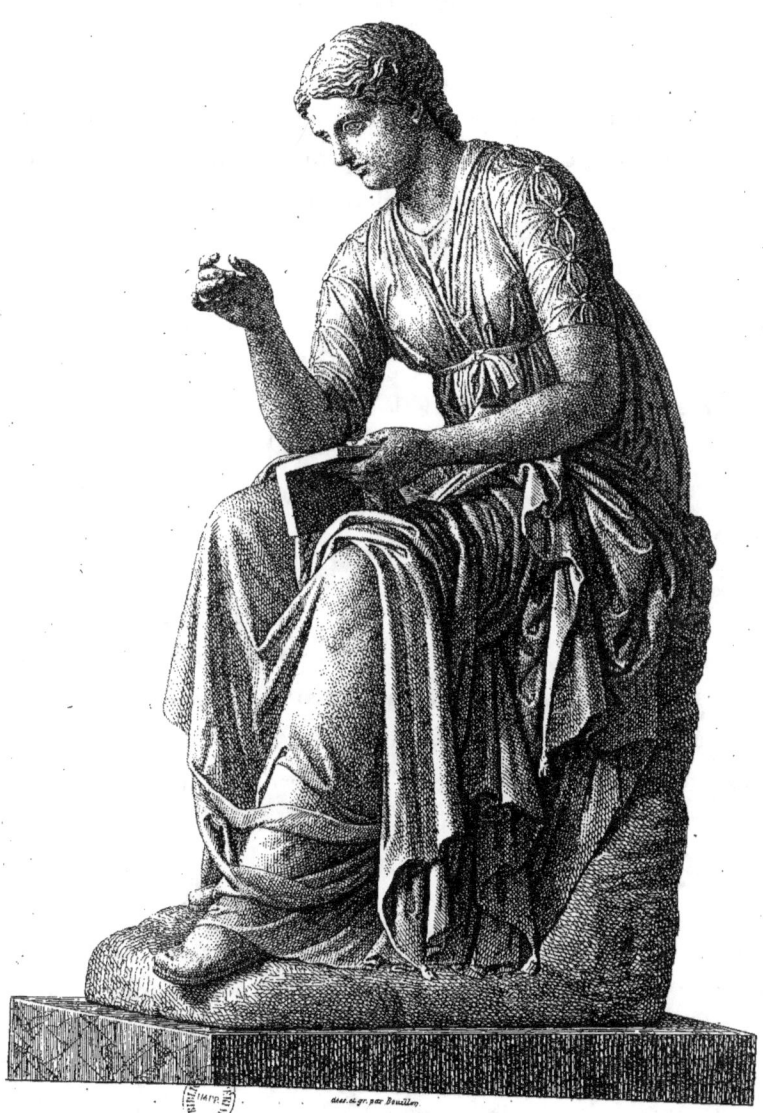

CALLIOPE.

XIX

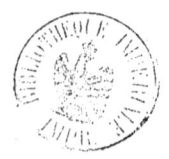

CALLIOPE.

Muse de l'éloquence et de la poésie héroïque, Calliope s'offre ici à nos regards plongée dans une profonde méditation et soutenant de la main gauche une tablette posée avec grâce sur ses genoux. Dans la droite, qu'elle tient immobile et élevée, se trouve l'instrument qui remplissait chez les anciens le double office d'écrire et d'effacer.

Elle porte le costume de Clio ; son manteau est, comme celui de la Muse de l'Histoire, placé sur les genoux, mais dans un ajustement différent qui offre peut-être encore plus de grâce et de naïveté.

Comme sa sœur, assise et dans une attitude à peu près identique, elle a dans sa pose et dans l'expression de son visage, plus d'attention, plus de recueillement, nuances exquises et délicates qui expriment parfaitement les difficultés plus grandes que cette jeune Muse a sans cesse à vaincre au milieu des études et des travaux sérieux auxquels elle se livre.

Selon les poëtes, Calliope était la mère du divin Orphée, des Corybantes et des Syrènes. Ils la représentent dans une attitude méditative sous les traits d'une jeune fille à l'air noble, pensif et sévère, le front couronné de lauriers et la tête ornée de guirlandes de fleurs. De la main droite, elle tient la trompette de la renommée, et de la gauche un volume, symboles de ses attributs.

XX

NÉMÉSIS.

A l'œil perçant et sévère de cette statue, qui semble démêler les pensées les plus secrètes du cœur et parcourir la terre avec la rapidité de la foudre pour abattre et humilier l'orgueil, flétrir et réparer l'injustice, consoler et venger l'infortune, il est facile de reconnaître la déesse redoutable de la justice, de la vengeance et des représailles. La corne d'abondance qu'elle soutient est le symbole des faveurs et des biens qu'elle distribue à chacun, selon ses mérites ou retire à volonté. Le mouvement du bras droit plié et relevé semble indiquer la mesure scrupuleuse avec laquelle elle paraît peser les actions des hommes avant de prononcer ses arrêts. Ses vêtements se composent d'une tunique à manches courtes et fendues, sur laquelle est jeté un manteau agencé avec la plus parfaite élégance.

La tête est d'une physionomie douce et agréable, et intéresse surtout, par l'arrangement aussi distingué que plein de grâce, des cheveux et de la coiffure.

L'imagination des artistes grecs se plaisait à allier la jeunesse, la grâce et la beauté du visage avec les fonctions terribles qu'exerçait la déesse de la Justice. On célébrait à Athènes, en son honneur, des fêtes solennelles appelées *Némésées*, et l'on y faisait des sacrifices d'expiation pour les morts; Némésis était regardée comme la déesse vengeresse des injures faites à leurs cendres. Les Romains lui avaient élevé dans le Capitole un autel sur lequel ils déposaient un glaive avant de partir pour le combat, en conjurant l'équitable Déesse de protéger la justice de leurs armes.

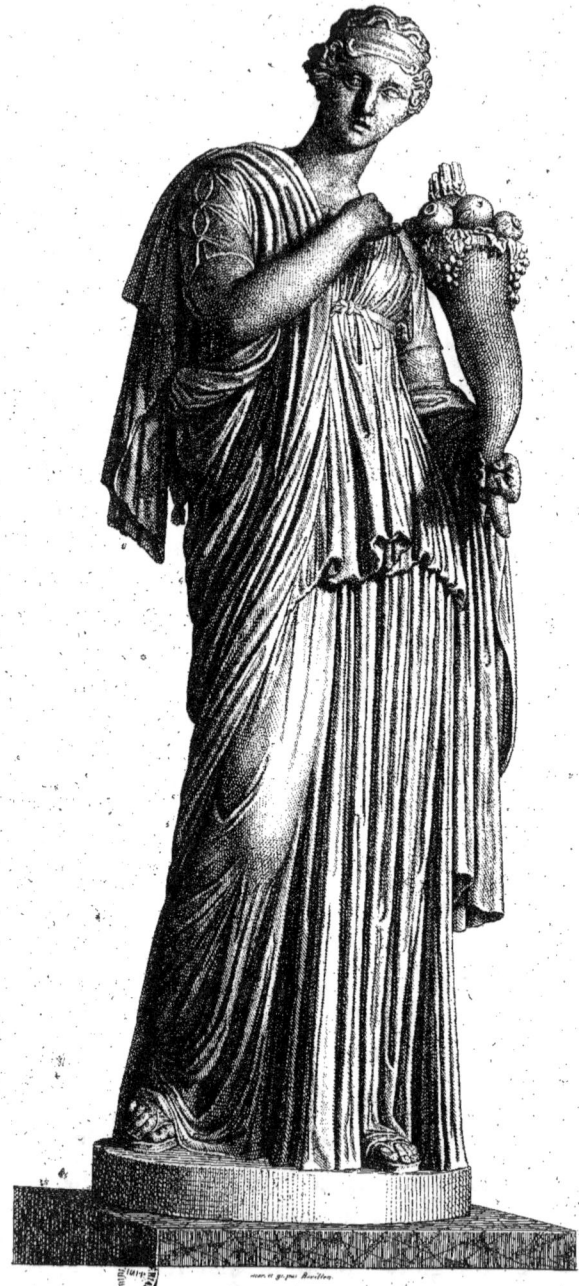

NÉMÉSIS.

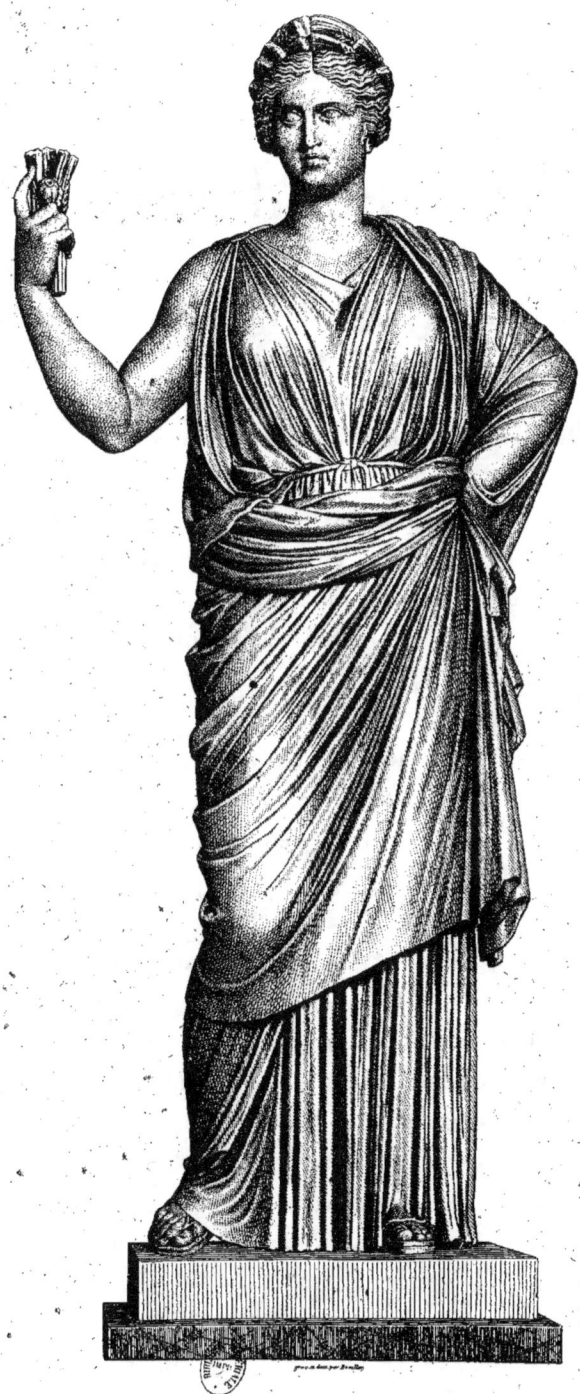

CÉRÈS-BORGHÈSE. (N° 2.)

XXI

CÉRÈS-BORGHÈSE.

La déesse des Moissons, qui avait enseigné aux Grecs l'art de semer le blé et les secrets de l'Agriculture, en les arrachant à la vie errante et sauvage des forêts, était l'objet, en Grèce, d'un culte tout particulier d'amour et de reconnaissance.

A Athènes surtout, l'accomplissement des mystères redoutables ou fêtes mystérieuses instituées en son honneur, était considéré comme un des points les plus importants de la religion. Le temple d'Éleusis, dans lequel on faisait ces fameuses initiations, avait été bâti par Périclès.

Le caractère idéal de cette statue fait reconnaître au premier abord, non une simple mortelle, mais une déesse; les draperies sont du plus grand style, et tout dénote dans ce monument la plus haute inspiration.

La fille de Saturne et de Cybèle était également honorée d'un culte particulier chez les Romains, et les mystères d'Éleusis y jouissaient d'une telle faveur et d'une telle célébrité, qu'une femme romaine était réputée chaste et innocente, quand elle avait été jugée digne de toucher les bandelettes de la déesse.

On la représentait le plus souvent couronnée d'épis en forme de diadème, et une gerbe ou une faucille à la main.

XXII

DIANE DE GABIES.

La déesse de la Chasse est ici représentée sous un aspect aussi agréable que nouveau.

L'artiste a choisi l'instant où, achevant sa toilette divine, elle est prête à partir pour la chasse.

Une double ceinture relève déjà sa tunique, et ses mains rapprochent avec grâce les deux extrémités de son manteau qu'une agrafe va fixer sur son épaule. De ce mouvement résulte une des attitudes les plus gracieuses, un des agencements de draperies les plus piquants que puissent offrir les statues des femmes de l'antiquité.

La tête est d'un caractère enchanteur, la coiffure d'un goût exquis, le dessin irréprochable et l'exécution pleine de finesse et de délicatesse.

Tout est accompli dans ce monument, qu'on met au rang des chefs-d'œuvre de l'art antique.

Cette belle statue, trouvée au milieu des ruines de Gabies, ville du Latium, représente Diane sous un vêtement, qui, au premier aspect, semble être peu en harmonie avec les exercices violents auxquels se livrait la déesse de la Chasse. Mais en se rappelant les attributions si diverses que la mythologie accordait à cette divinité, il est probable que cette manière de la représenter ici a eu pour motif quelques circonstances particulières et en rapport avec certaines de ces attributions.

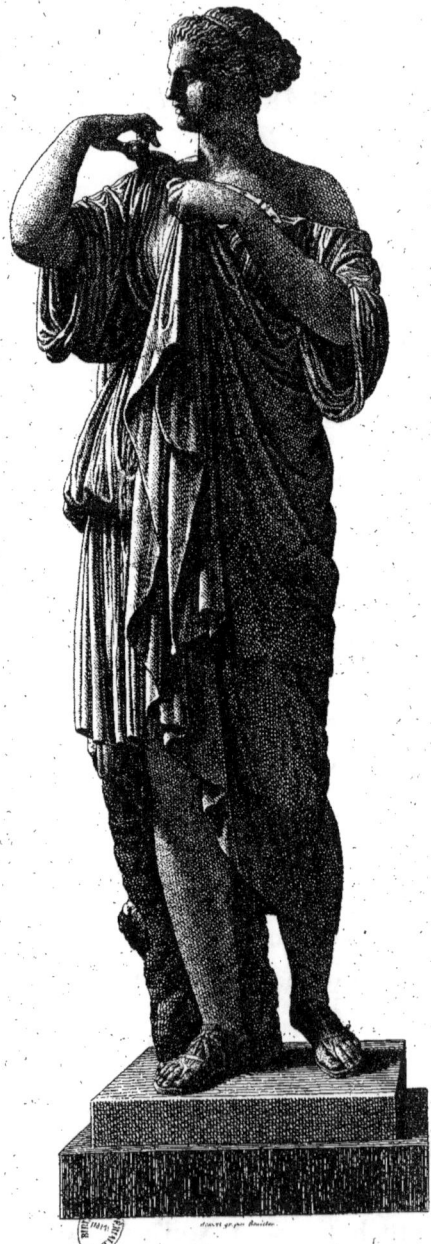

DIANE (de Gabies.)

Pl. XLIX.

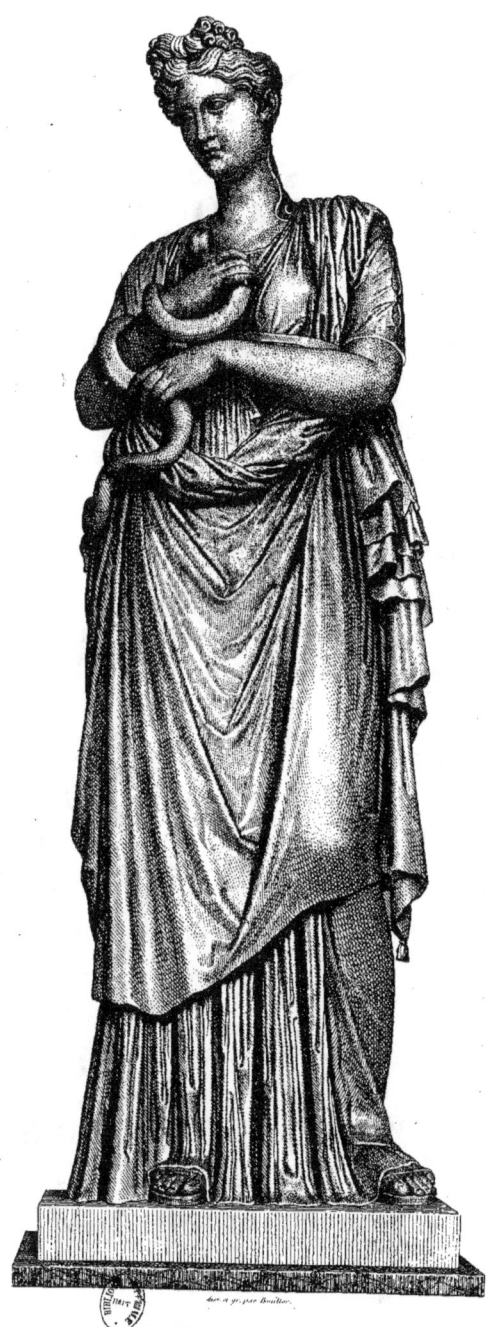

HYGIE.

XXIII

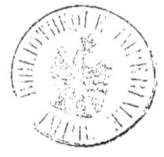

HYGIE.

Représentée debout, vêtue d'une longue tunique, la fille d'Esculape tient en ses mains et enlacé autour d'un de ses bras, le serpent, emblème mystérieux de la santé et de la vie.

Un manteau descendant avec grâce de l'épaule gauche, vient tourner sous le bras droit et se rouler, dans sa partie supérieure, au-dessus des hanches, puis descend envelopper tout le corps jusqu'au-dessous du genou ; soutenu par le bras gauche, il revient ensuite retomber le long de la cuisse en plis élégants et variés.

Le type de cette statue est excellent : l'on ne peut rien imaginer de plus noble et de plus élégant que sa draperie, ni rien de plus gracieux que le mouvement de la figure. C'est bien certainement une imitation de quelque chef-d'œuvre des plus beaux temps de l'art antique.

On rendait, en Grèce, un culte particulier à Hygie, comme déesse de la Santé, et les femmes grecques lui consacraient leur chevelure. Quelques auteurs ont prétendu que cette divinité était la même qu'Higicia, surnom donné à Minerve par Périclès, et à qui la déesse de la Sagesse avait appris l'art de guérir un jeune architecte tombé du haut d'un édifice.

XXIV

BACCHUS INDIEN,

DIT SARDANAPALE.

Cette belle statue est revêtue d'une robe traînante plissée, d'une étoffe fine et légère. Le tissu du vaste manteau qui couvre le premier vêtement est également fin et léger, et son jet est à la fois élégant et recherché.

Mais c'est surtout dans l'arrangement des cheveux que le luxe et la recherche se font remarquer. Un diadème ou bandeau les fixe sur le front, puis ils se partagent derrière la tête en trois grandes boucles dont l'une est relevée sur le chignon, tandis que les deux autres tombant avec grâce et en avant du visage, accompagnent avec symétrie une barbe longue et vénérable.

La tête a un caractère noble et plein d'expression ; tout y respire la noblesse et surtout la volupté devenue proverbiale de ce roi de Ninive représenté ici sous les traits du dieu du vin.

La tête de ce Bacchus indien, noble, gracieuse, du plus bel idéal, est digne d'un corps aussi parfait, et offre, dans ce monument, un travail grec du premier ordre.

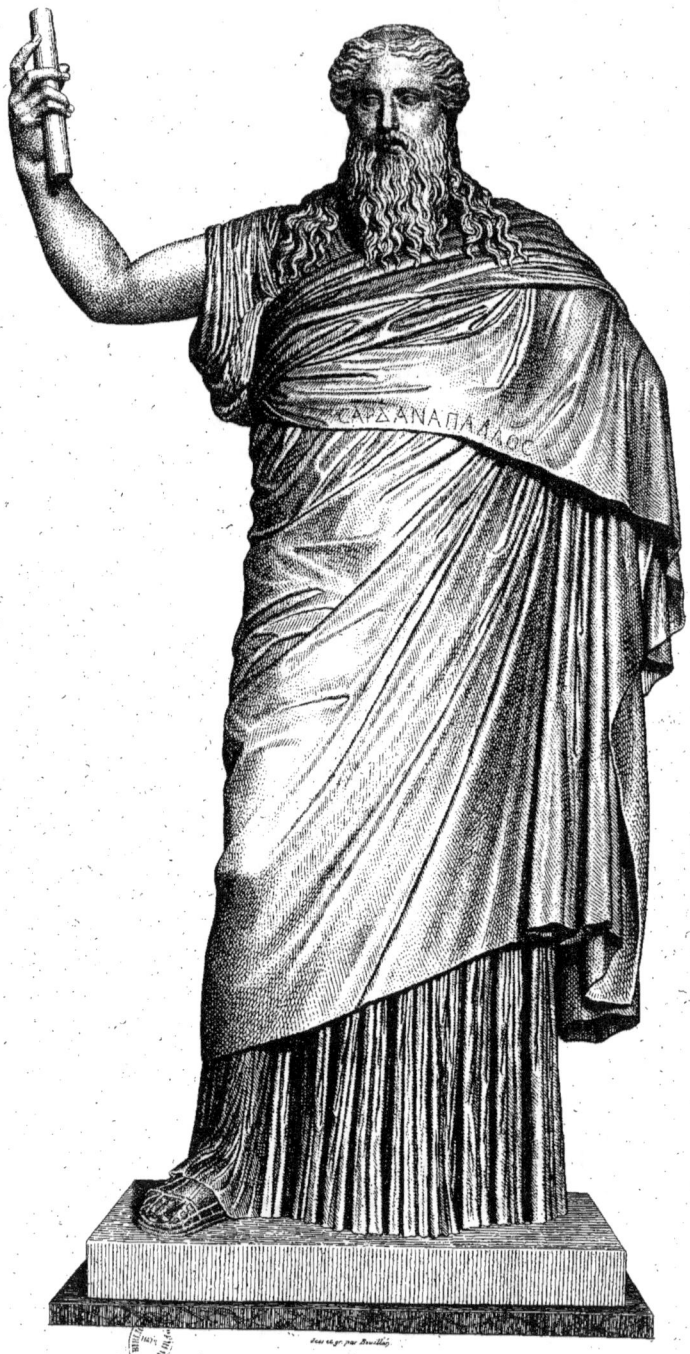

SARDANAPALE.

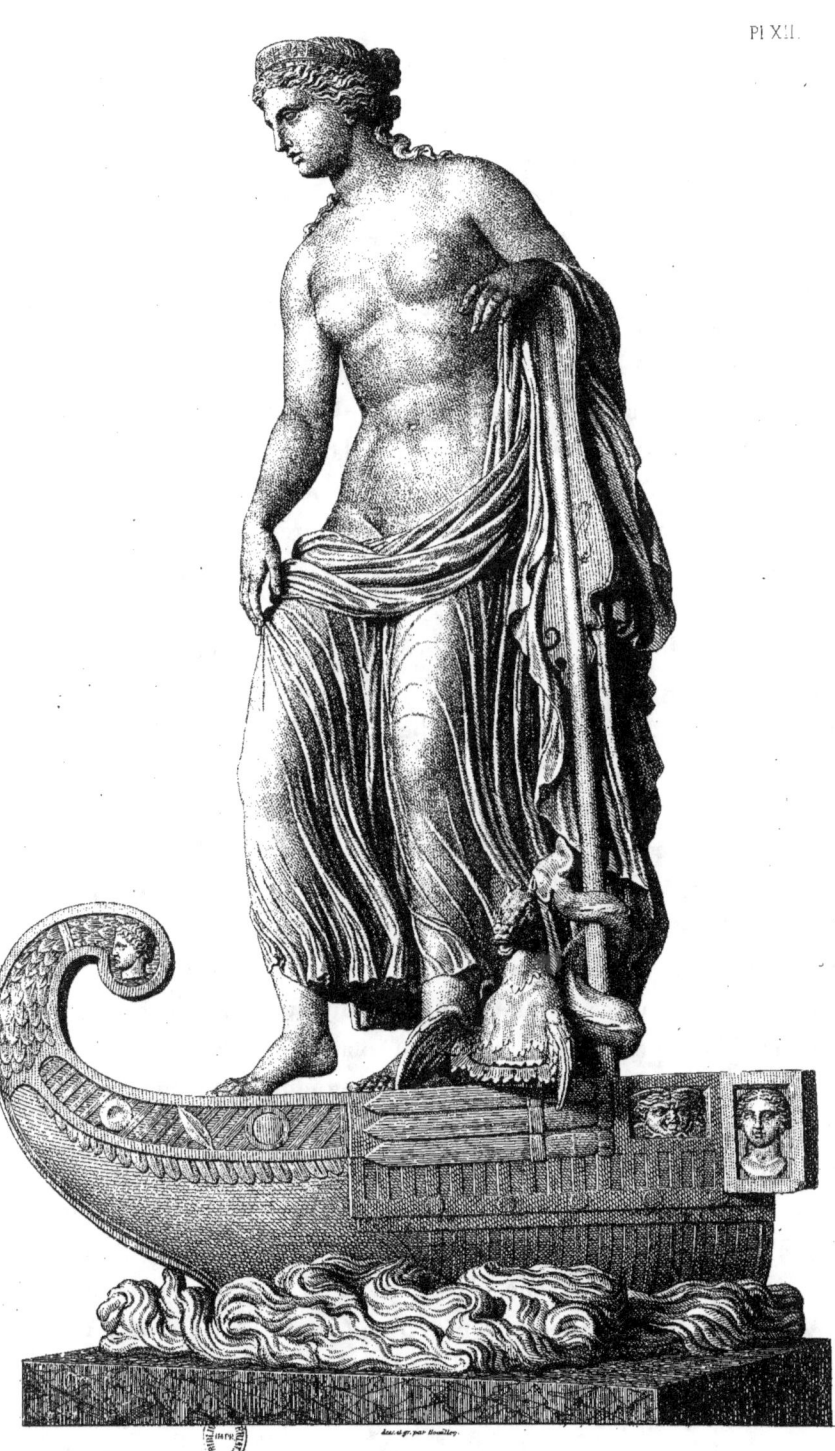

Pl. XII.

THÉTIS.

XXV

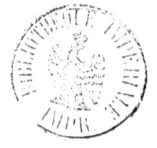

THÉTIS.

Cette Déesse est ici représentée sur un char en forme de coquille, traîné par des dauphins.

La tête de cette statue est d'un joli caractère, et la composition en est admirable par les contours les plus suaves et les plus délicats ; la draperie qui recouvre la partie inférieure du corps est d'une légèreté exquise ; elle est fouillée avec un art si merveilleux que certaines parties, même très-profondes, n'ont que l'épaisseur d'une draperie véritable, et semblent agitées par le vent.

La main la plus habile et la plus exercée ne peut aller plus loin dans un vêtement de ce genre.

Thétis, la plus célèbre et la plus belle des Océanides, était fille de Nérée et de Doris. Poursuivie par Pélée, fils d'Eaque, elle consentit à l'épouser. Les noces se célébrèrent sur le mont Pélion avec une magnificence sans pareille. Tous les dieux de l'Olympe y furent invités, excepté la Discorde, qui, pour s'en venger, jeta dans l'assemblée une pomme sur laquelle étaient écrits ces mots : *A la plus belle.* Cette jeune nymphe eut de Pélée plusieurs enfants, et entre autres Achille, qu'elle avait eu soin d'envoyer à la cour de Nicomède, pour qu'il évitât d'aller au siége de Troie. Vaine précaution ! le héros s'échappa et rejoignit ses compagnons d'armes. Thétis, sans cesse inquiète sur le sort de son fils, va prier Vulcain de lui forger des armes divines travaillées de ses propres mains. Mais quand ce dieu a satisfait à ses pressants désirs, Thétis lui refuse avec dédain la récompense qu'elle lui avait promise. A la nouvelle de la mort d'Achille, la Déesse éplorée sort des flots, accompagnée d'une foule de Néréides, recueille ses cendres dans une urne d'or, lui fait élever un monument et institue des fêtes en son honneur.

XXVI

LEUCOTHÉE.

D'après le récit d'Ovide, l'une des filles de Cadmus, Ino, poursuivie par la vengeance de Junon, pour avoir osé se charger de nourrir Bacchus enfant, se précipita dans les flots. Reçue par les Néréides, ces jeunes et belles divinités des mers l'accueillirent et plus tard l'admirent parmi leur troupe immortelle. Cette nouvelle Déesse, honorée en Grèce sous le nom de Leucothée, est ici représentée tenant son divin nourrisson.

Ce monument offre une réunion complète de toutes les perfections de l'art. La tête est d'une beauté ravissante, dans son mouvement et dans son expression; elle a un caractère de douceur et d'amour maternel qui lui donne encore un nouveau charme.

Le vêtement, modèle de grâce et d'élégance, est composé d'une tunique sans manches, relevée et repliée sur elle-même par une ceinture fixée au-dessus des hanches, et d'un manteau qui descend jusqu'au bas des jambes; toute la draperie est admirable, non-seulement par la régularité de ses formes, par son jet heureux, par la vérité de son exécution, mais encore par les oppositions piquantes d'ombre et de lumière que produit l'arrangement de ses plis; ces résultats sont dus au sentiment exquis avec lequel le marbre a été plus ou moins fouillé.

Le petit Bacchus est remarquable par l'exécution délicate de ses chairs, qui, dans le torse surtout, sont pleines de souplesse et de vérité. C'est une des plus belles statues de la sculpture grecque.

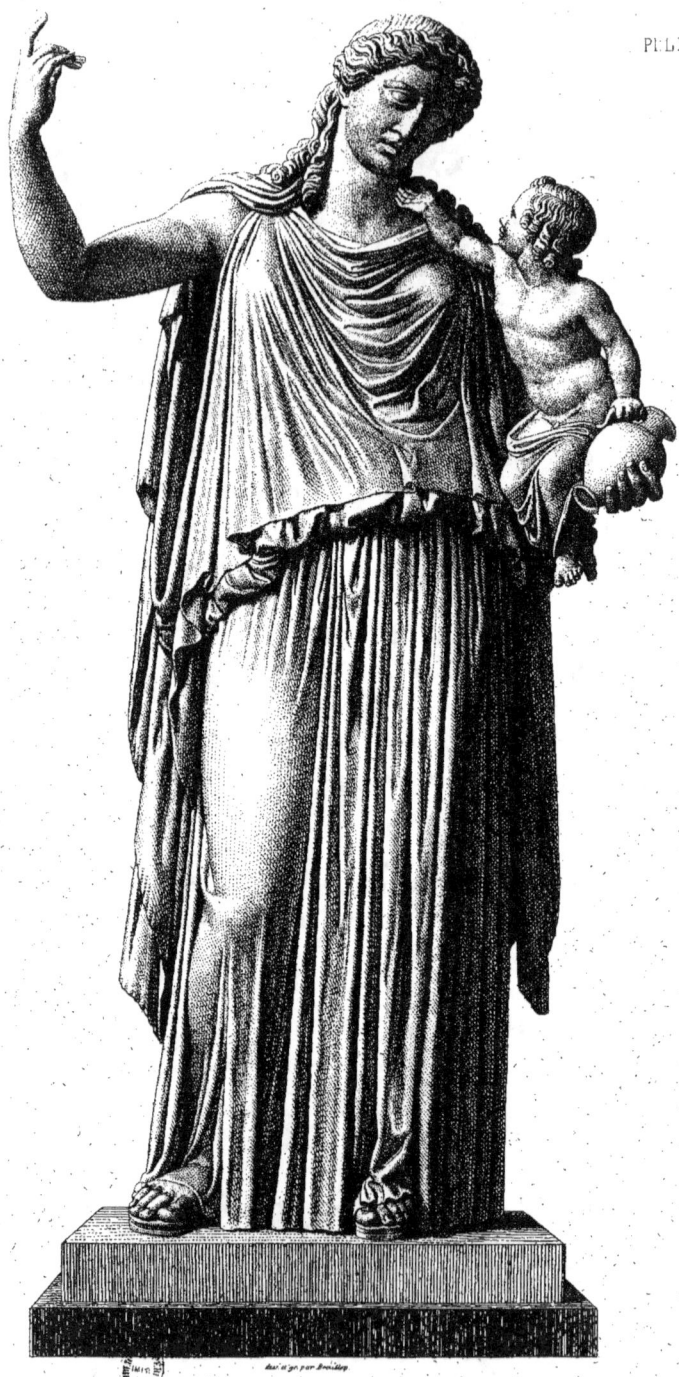

LEUCOTHÉE.

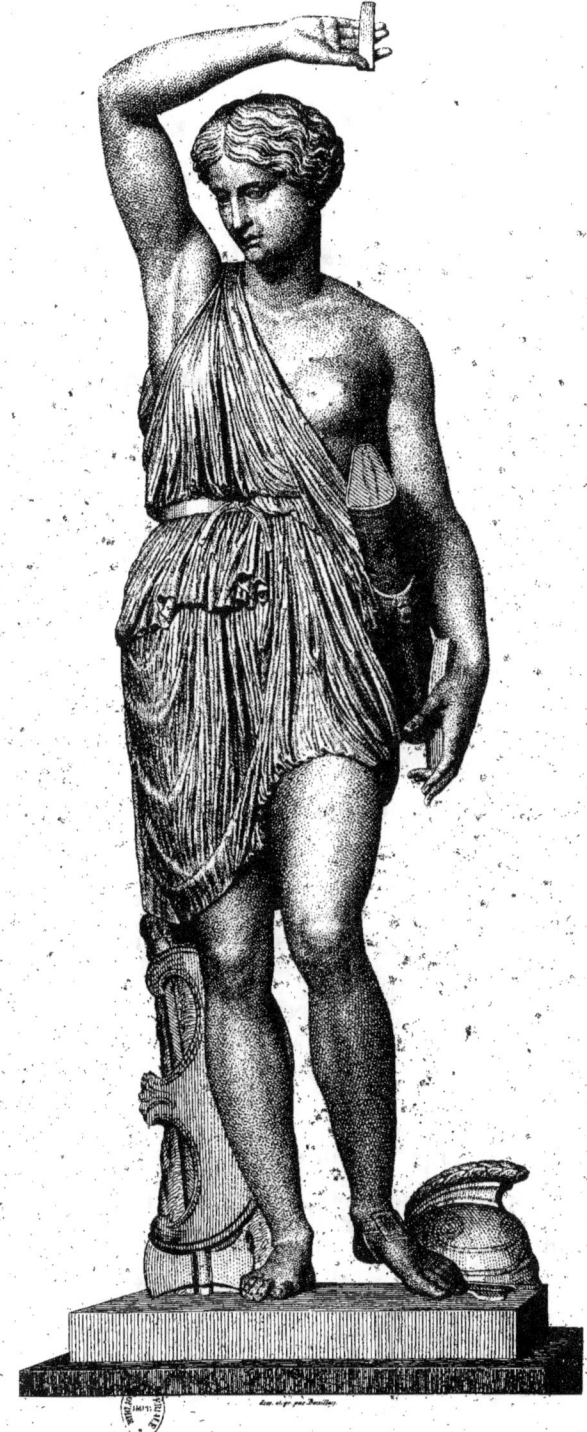

AMAZONE.

XXVII

AMAZONE.

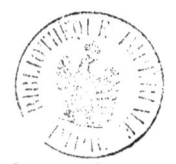

A la tunique relevée et qui laisse à découvert une partie du sein et l'épaule gauche, au mouvement de la figure, à l'élévation du bras droit, à l'abaissement du gauche, au casque, à la hache à deux tranchants, au bouclier, à la courroie sur le pied et à laquelle s'adapte un éperon, attributs distinctifs des Amazones, on reconnaît aisément une de ces filles de Mars, prête à lancer le javelot et qui habitaient les bords du Méotis et du Thermodon.

Cette statue est l'une des plus belles qui soient parvenues jusqu'à nous. La tête en est remarquable par la noblesse, la pureté des traits et cette austérité qui convient à une jeune guerrière. Les cheveux, relevés et noués derrière le cou avec une simplicité un peu agreste, semblent ajouter encore à l'effet qu'elle produit. La tunique, gaufrée et disposée d'une manière neuve et élégante, forme, par la multiplicité de ses plis très-délicatement fouillés, un contraste piquant avec le caractère soutenu des parties du corps qu'elle laisse à découvert.

Partout on remarque dans ce monument une exécution ferme et merveilleuse, partout s'y décèle la main d'un grand maître; il doit être une excellente copie de la célèbre statue du sculpteur Polyclète, qui avait obtenu le premier rang parmi ses nombreux compétiteurs. Ce grand artiste vivait l'an 480 avant l'ère chrétienne, et eut, à cette époque reculée de l'antiquité, la plus grande influence sur les arts.

XXVIII

ANTINOÜS-ARISTÉE.

Ce monument représente, sous le costume d'Aristée, demi-dieu, qui, en Thessalie, présidait à la culture de l'olivier et aux soins des abeilles, Antinoüs, l'esclave et le favori de l'empereur Adrien. Ce beau jeune homme de Bythinie, ayant accompagné son maître dans un voyage qu'il fit en Égypte, se noya en se baignant dans le Nil. L'Empereur, inconsolable de sa mort, lui fit élever des temples splendides, et érigea un culte particulier en son honneur dans la ville de Bésa, dont il releva les murs. Après l'avoir embellie de monuments et multiplié les statues de son favori, il lui fit prendre le nom d'Antinoé.

Cette statue est revêtue de la tunique des gens de la campagne, chaussée de bottes rustiques et armée de la houe, instrument propre à remuer la terre; son exécution est pleine de goût et de sentiment et la pose en est simple et gracieuse. La tunique, qui laisse le côté droit à découvert, est drapée avec une rare élégance et offre une touche aussi franche que légère.

Il serait difficile de trouver ailleurs le costume des pâtres grecs rendu avec des développements aussi complets et d'une exactitude aussi précieuse pour l'art que dans ce monument.

On retrouve la tête d'Antinoüs dans un grand nombre de médailles conservées dans les musées d'Europe, et l'on admire à Rome la superbe statue de l'Antinoüs du Belvédère.

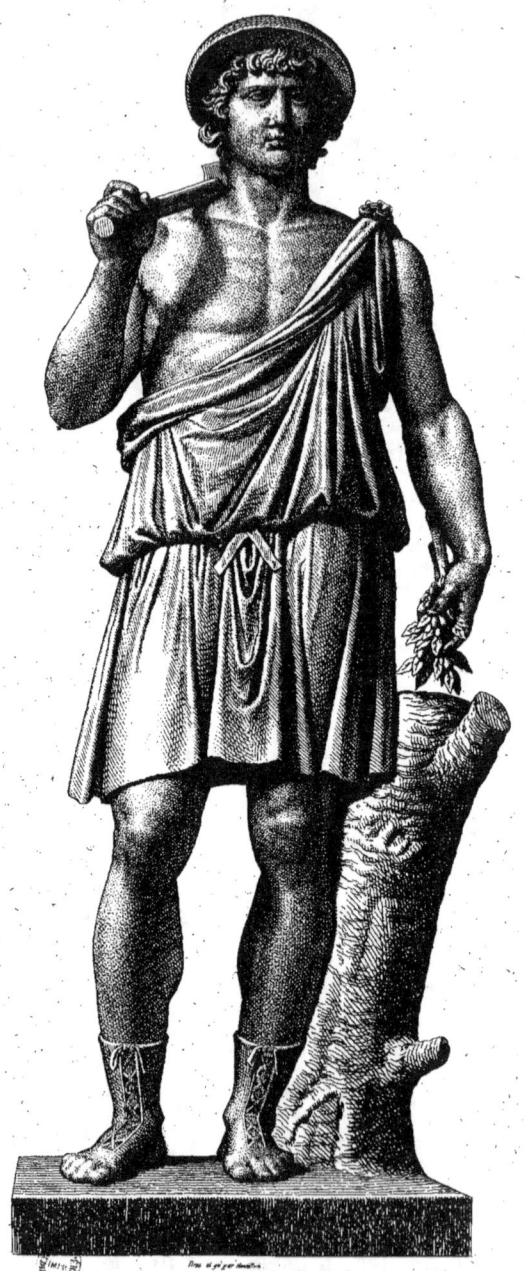

ANTINOÜS - ARISTÉE.

Pl. XXXIV.

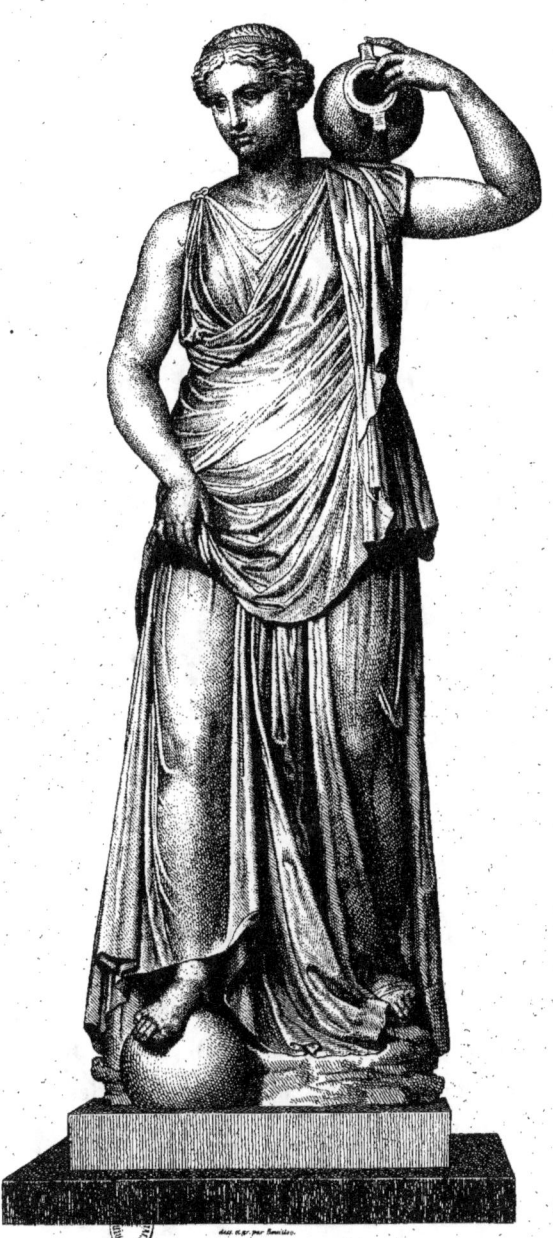

NYMPHE.

XXIX

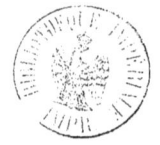

NYMPHE.

L'attitude de cette statue représente une nymphe s'approchant d'une fontaine pour y puiser de l'eau ; de la main gauche, elle soutient sur son épaule le vase qu'elle va remplir, et de sa droite, elle relève sa tunique.

Le travail du ciseau, dans ce monument, offre des beautés remarquables, les détails du vêtement y sont rendus avec souplesse et vérité. Le pied gauche est ravissant, et la tête, dans son ensemble, est d'une sévérité, d'une noblesse de style que l'on ne trouve que dans les traditions de l'excellente école grecque.

On donna d'abord le nom de Nymphes aux déesses qui régnaient sur les eaux ; les unes s'appelèrent *Néréides*, parce qu'elles habitaient les mers, et celles des fleuves furent nommées *Naïades*. Plus tard, on étendit et appliqua ce nom à un grand nombre de divinités secondaires, préposées à diverses parties de la nature et dont elles devinrent les déités tutélaires.

Ainsi les forêts eurent aussi leurs nymphes, nommées *Dryades*; les Napées fixèrent leur séjour au milieu des bocages et des vertes prairies qu'elles protégeaient, et les Orcades habitaient au sommet des montagnes.

On leur offrait du lait, du miel, des fruits, de l'huile et quelquefois de jeunes chèvres. Elles sont toujours représentées jeunes et belles, d'une taille svelte et la main posée avec grâce sur une urne.

XXX

THÉSÉE.

Ce monument, qui représente le vainqueur du Minotaure et l'amant d'Ariane, a bien ici l'expression d'un demi-dieu ou d'un héros.

On y remarque, dans toutes ses parties, un caractère de jeunesse et de force, un sentiment et une fermeté d'exécution qui font l'admiration des artistes les plus distingués. La tunique surtout, est d'un jet aussi neuf qu'élégant et touchée avec tant de légèreté et une telle précision qu'elle peut être comparée aux plus beaux modèles en ce genre.

La tête, d'un caractère agréable et original, répond au reste de la statue et est bien digne en tout point de s'unir à ce corps jeune et plein de vigueur.

Thésée, fils d'Égée et d'Éthra, roi d'Athènes, succéda à son père l'an du monde 1323 à 1392. Il marcha sur les traces d'Hercule et donna des preuves d'un courage surprenant. Après avoir purgé la terre de monstres, tels que le Minotaure, le taureau de Marathon et beaucoup d'autres, il prit part à l'expédition des Argonautes, fit ensuite la guerre aux Amazones, qu'il vainquit et dont il épousa la reine, la célèbre Antiope; il en eut un fils nommé Hippolyte, qu'il sacrifia, à son retour, au ressentiment et aux accusations calomnieuses de Phèdre, sa seconde femme et sœur de l'infortunée Ariane. Voyant Athènes en proie aux factions, Thésée quitta secrètement cette ville, fit voile vers l'île de Crète et mourut dans la traversée, à Scyros. Peu de temps après, les Athéniens lui dressèrent des autels et lui décernèrent les honneurs divins.

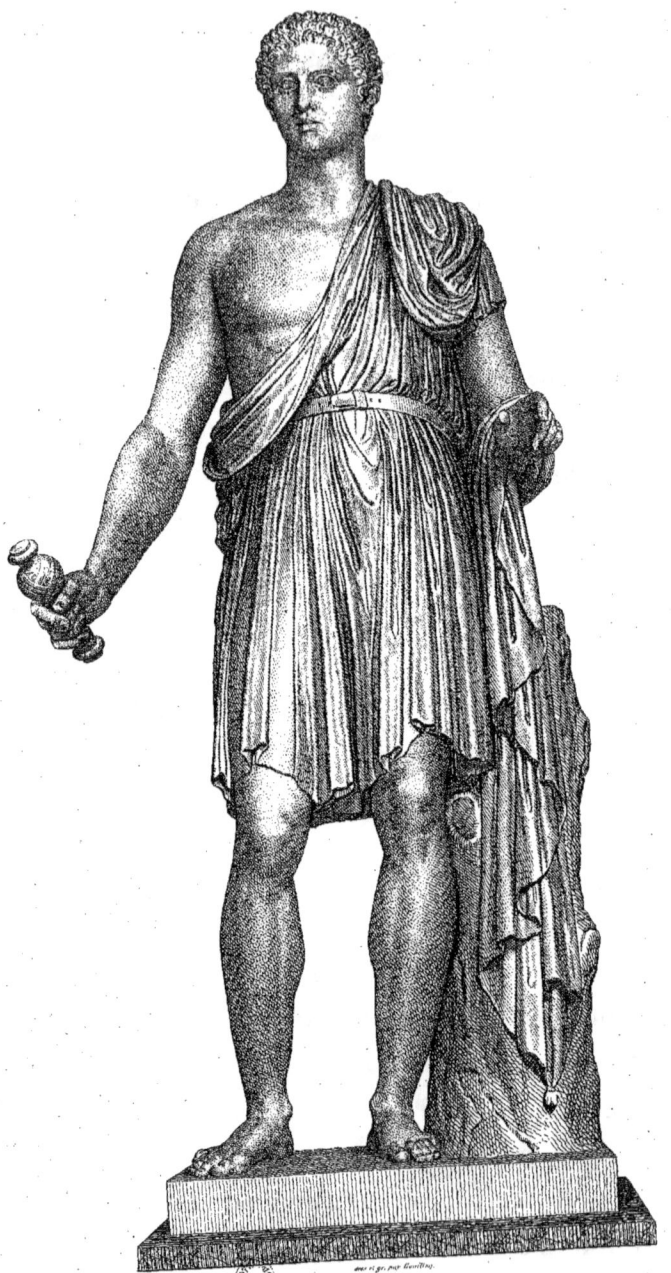

THÉSÉE.

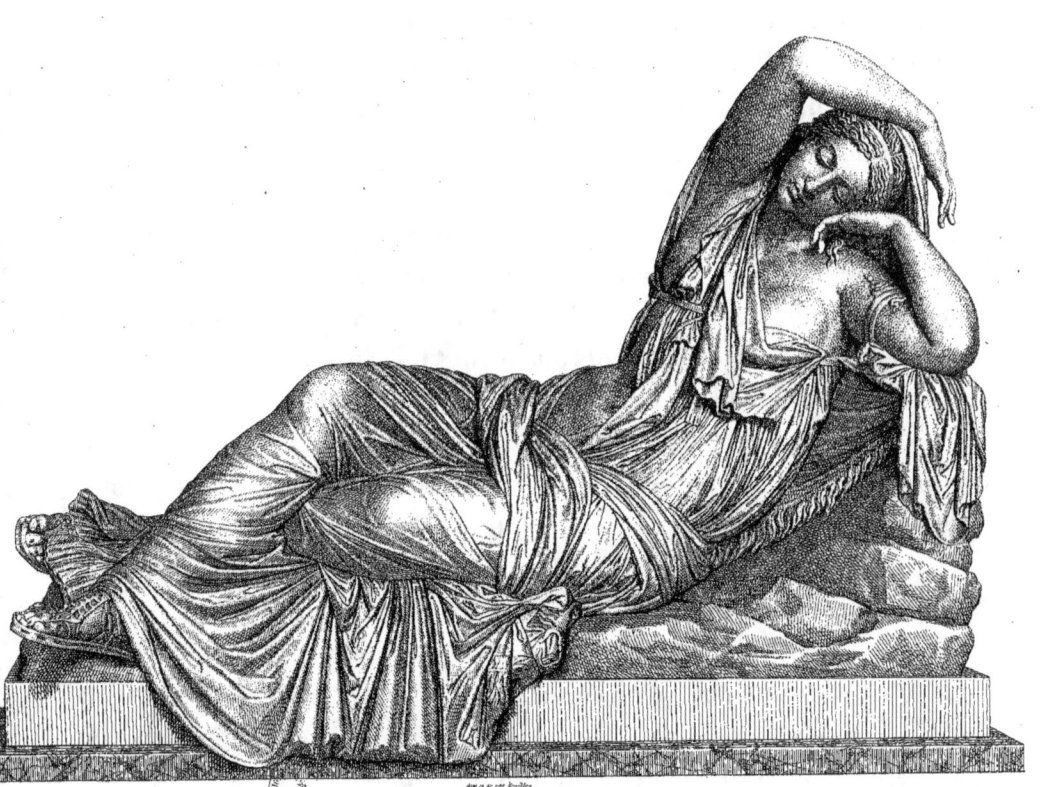

ARIAENE.

XXXI

ARIANE.

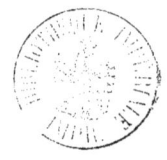

Après avoir vaincu les Athéniens, Minos, roi de Crète, ne leur accorda la paix qu'à la condition de lui envoyer annuellement, durant neuf années, sept jeunes garçons et autant de jeunes filles qui devaient être livrés au Minotaure et dévorés par ce monstre moitié homme et moitié taureau; il avait pour repaire le labyrinthe, édifice immense renfermant une infinité de circuits ménagés avec la plus perfide adresse.

Thésée, fils d'Égée, roi d'Athènes, voulut partager le sort de ses concitoyens, dans l'espoir de tuer le monstre ou de mourir avec eux. La fille de Minos, la belle Ariane, touchée de tant de jeunesse, de courage et de dévouement, lui donna secrètement une pelote, dont les fils devaient lui permettre de retrouver son chemin au milieu de ce dédale rempli de détours sans nombre. On sait quelle fut l'ingratitude de Thésée. Oubliant en même temps ses promesses et tous les sentiments d'amour et de reconnaissance, il abandonna la malheureuse Ariane sur les rochers de l'île de Naxos.

C'est au moment même de cet abandon qu'on la représente ici, couchée et cédant, après les plus violentes agitations du désespoir, au sommeil pénible qui l'enchaîne; le désordre de ses vêtements, son attitude contractée indiquent d'une manière frappante un repos agité par les vives émotions qui l'ont précédé.

Cette statue est mise au nombre des chefs-d'œuvre de l'antiquité. En effet, si on la considère sous le rapport de la conception, on y admire des formes dont le type est du style le plus héroïque, et des draperies aussi savantes que leur ajustement est merveilleux. La tête, d'un caractère noble et élevé, offre une expression de tristesse d'une très-grande vérité. En un mot, ce monument est une merveille de conception et d'exécution.

XXXII

TIBÈRE.

L'exécution de cette statue fixe avec juste raison l'attention des artistes qui veulent s'inspirer des chefs-d'œuvre de l'antiquité.

Il est impossible de rendre avec plus de finesse et de sentiment, les plis multipliés de l'étoffe vaste et légère des vêtements. Le marbre a été fouillé avec une telle adresse de main, qu'elle est regardée par les artistes comme une merveille de l'art, et d'un travail si délicat qu'ils ont peine à comprendre comment il a pu être exécuté. Ce qui paraît encore plus surprenant, c'est qu'un fini si précieux, une recherche aussi grande dans l'exécution, ne nuisent en rien au style de la draperie dont le jet est aussi large qu'élégant et sous laquelle se dessine un corps soutenu dans toutes ses formes et du plus beau caractère.

La tête de cet empereur romain est d'un travail remarquable. En un mot cette statue antique revêtue de la toge est l'une des plus belles que le temps nous ait conservées.

Tout le monde connaît l'histoire de ce cruel empereur romain né à Rome, le 16 novembre de l'an 34 avant Jésus-Christ. Désigné comme successeur à l'empire par les intrigues de Livie, sa mère, qui exerçait la plus grande influence sur l'esprit d'Auguste qu'elle avait épousé en secondes noces, il succéda paisiblement à cet empereur, au détriment de ses propres enfants. Affermi sur le trône, Tibère donna libre cours à tous ses instincts sanguinaires; Julie sa femme, Germanicus, Agrippa, Drusus, ses fils et une foule d'hommes remarquables devinrent les premières victimes de sa cruelle méfiance et de sa basse jalousie. Il avait pour complice et instigateur de ses crimes, l'infâme Séjan, son ministre favori. Devenu odieux à Rome, où chaque famille avait à lui reprocher la mort de son chef, chaque ordre, le meurtre d'un de ses membres les plus illustres, il se retira, l'an 27 de l'ère chrétienne, dans l'île de Caprée, où il déshonora sa vieillesse par les plus honteuses débauches; enfin il mourut à Misène, dans la Campanie, après avoir désigné pour son successeur Caligula que les historiens accusent de l'avoir fait étouffer.

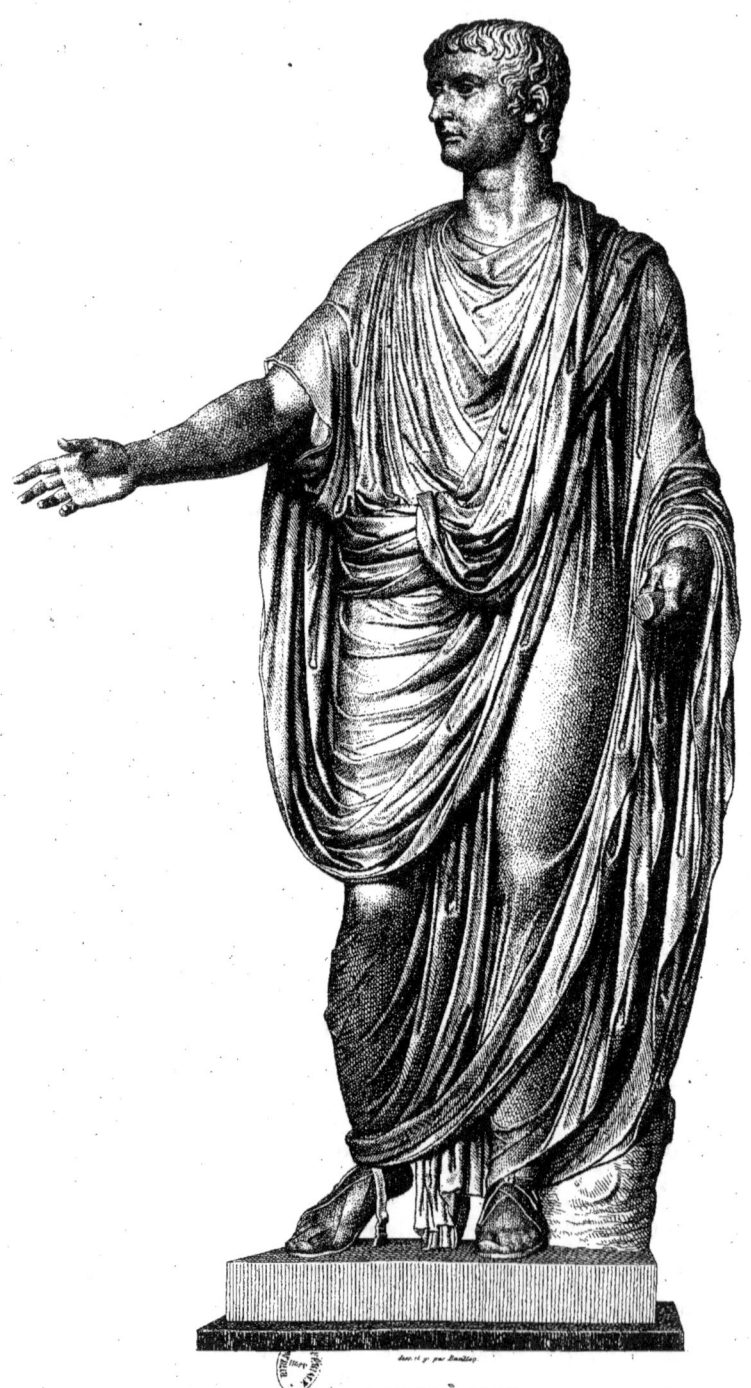

TIBÈRE.

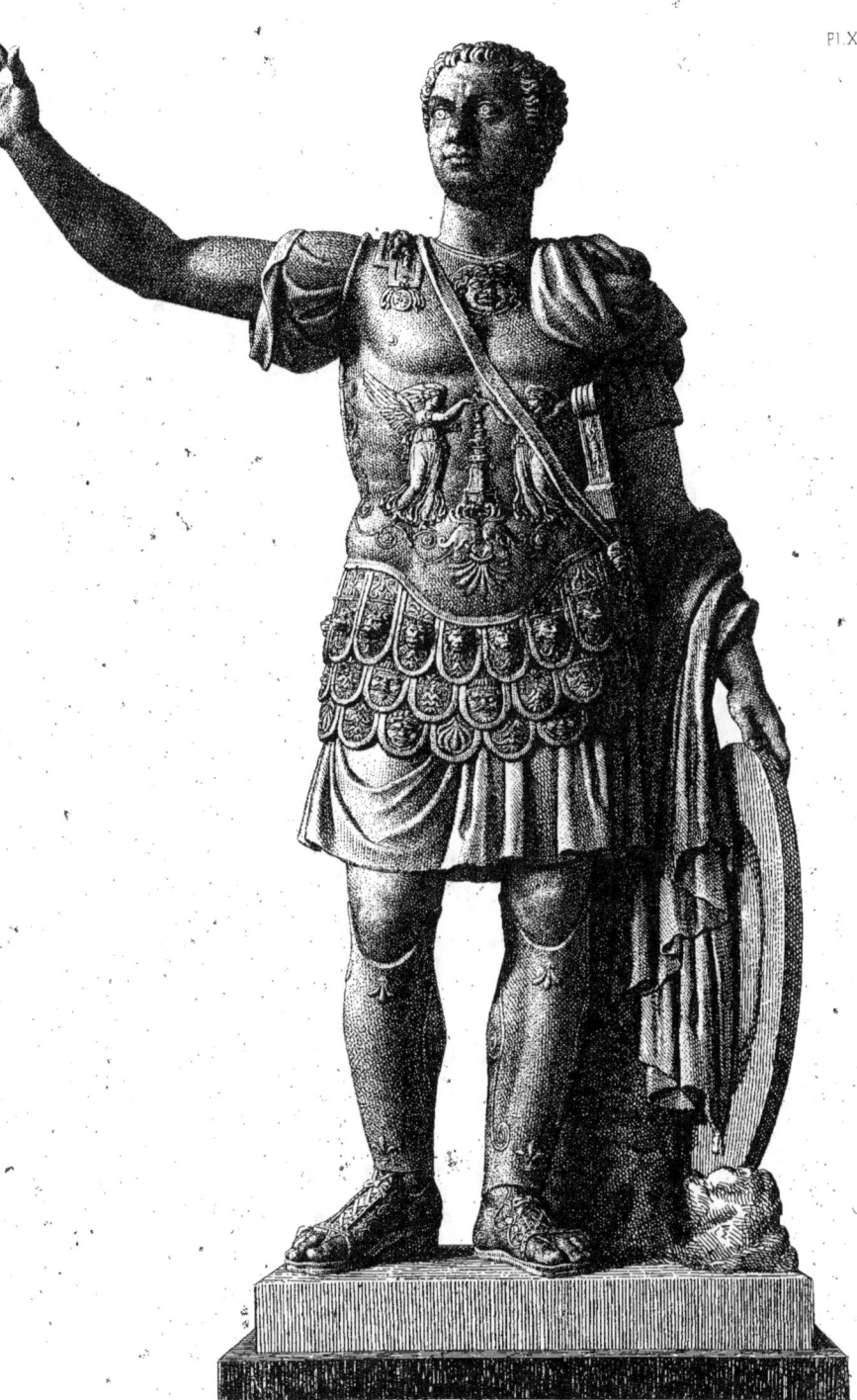

TITUS.

XXXIII

TITUS.

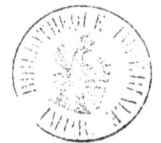

Cet empereur romain, si cher au peuple par l'assemblage de toutes les qualités du cœur, est représenté vêtu en guerrier; il s'appuie de la main gauche sur son bouclier, et de la droite il semble haranguer l'armée. Le corps de cette statue se trouve dans une parfaite harmonie avec le visage, dont l'embonpoint est très-marqué. Le caractère de ces formes épaisses et charnues se soutient partout avec une grande vérité et un sentiment très-délicat; admirablement rendu dans toutes les parties que l'armure laisse à découvert, ce même caractère de formes se laisse deviner sous les draperies, et l'œil peut en suivre les contours sous la cuirasse dont le torse est revêtu. Ce monument nous offre probablement les traits véritables du visage de Titus et de sa personne. Le sujet des draperies est vrai et élégant, et l'armure est digne d'éloge par la finesse exquise de ses détails et de son exécution.

Titus, fils aîné de l'empereur Vespasien, né l'an 40 de l'ère chrétienne, succéda à son père en 79. Monté sur le trône, il abjura la vie licencieuse qu'il avait menée jusqu'alors, renvoya la belle juive Bérénice, sa maîtresse, et se consacra entièrement au bonheur de ses sujets, dont il voulut devenir en même temps l'ami et le bienfaiteur. Il fit distribuer d'abondants secours aux nombreuses victimes de la peste et de l'incendie qui désolaient la ville de Rome, et vendit jusqu'aux ornements de son palais pour venir à leur secours. Ses bienfaits le rendirent si cher à ses peuples, qu'ils le surnommèrent les *Délices du genre humain*. Sa mort, qu'on attribue à Domitien, son frère et son successeur à l'empire, arrivée l'an 81, mit fin à un règne qui s'annonçait sous de si heureux auspices; il mourut à l'âge de 42 ans, après en avoir régné 2 et quelques mois. Titus avait dans le caractère tant de bonté et de bienveillance, que se rappelant avoir passé un seul jour sans avoir trouvé l'occasion d'obliger quelqu'un ou de faire une bonne action, il prononçait ces belles paroles au milieu des personnes qui l'entouraient : « Mes amis, voilà une journée perdue pour moi. »

XXXIV

GERMANICUS.

Cette statue, dont une partie du corps est à découvert, est revêtue d'une draperie qui, dans tout son ensemble, ne laisse rien à désirer, soit par la finesse du travail, soit par la facilité d'exécution.

On y retrouve la belle et touchante physionomie de ce jeune héros que les historiens, et entre autres Tacite, se sont plu à nous reproduire dans toute sa noble simplicité. Chacun connaît le mâle courage, la clémence, les belles actions, les mœurs si douces et si pures de cet aimable prince, dont de trop cruelles amertumes vinrent traverser la vie; enfin sa mort prématurée, qui fut l'œuvre de Tibère, devenu jaloux de si nobles exploits et de qualités si éminentes!

La tête de ce monument est pleine de vie et d'un travail extrêmement délicat. L'ensemble des formes du corps est d'un très-beau caractère, et il est facile d'y reconnaître la main d'un artiste aussi habile qu'exercé.

Germanicus, fils de Drusus Néro, était né à Rome, 16 ans avant Jésus-Christ. Neveu et fils adoptif de Tibère, il avait épousé Agrippine, petite-fille d'Auguste. Après s'être distingué et couvert de gloire dans les divers commandements qui lui furent confiés, il devint l'idole du peuple par sa bonté, sa générosité et sa justice. Atteint d'une maladie aiguë, il mourut à peine âgé de 34 ans, l'an 19 de l'ère chrétienne, empoisonné par Pison, confident de Tibère, jaloux de tant de succès et de si nobles sentiments. Cette mort prématurée fut un deuil général pour tout l'empire.

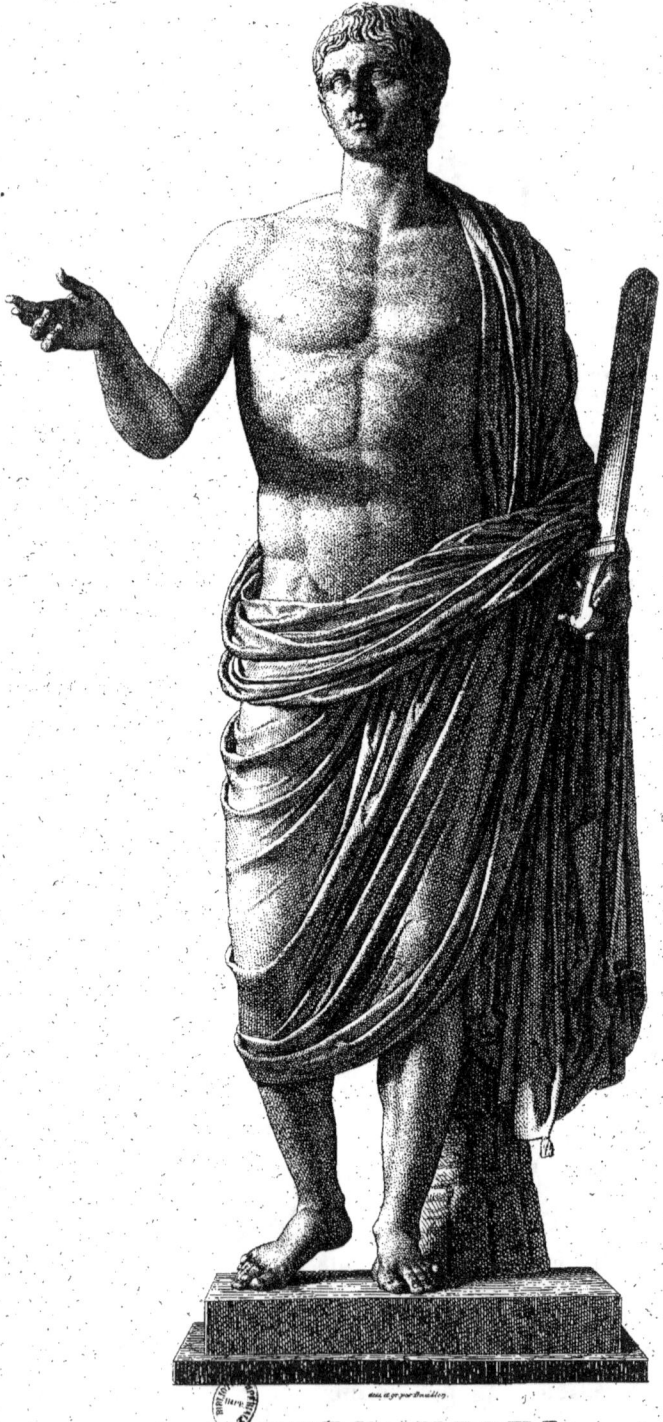

Pl. CVII.

GERMANICUS.

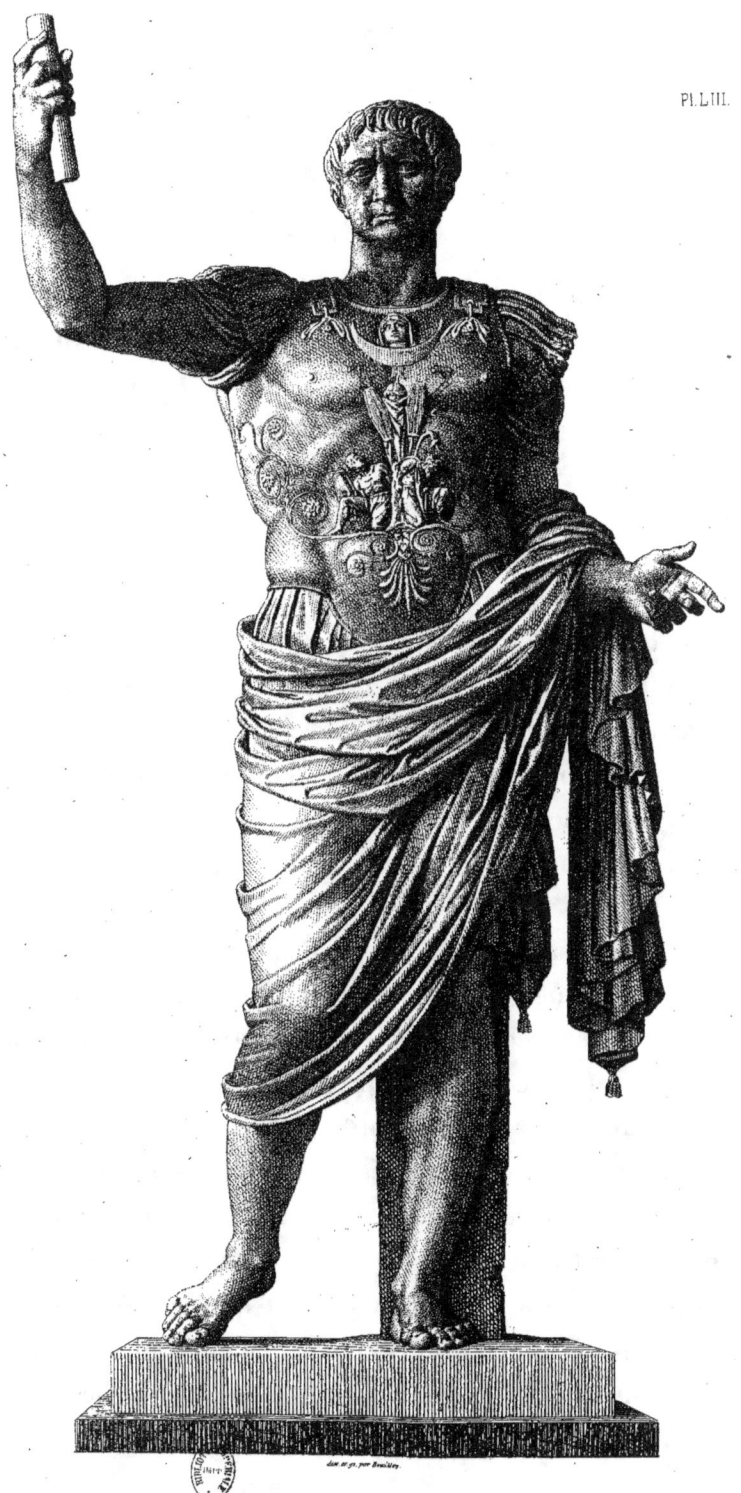

TRAJAN.

XXXV

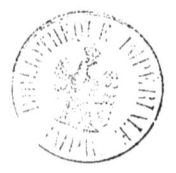

TRAJAN.

Ce monument représente l'un des plus grands princes qui aient régné à Rome et offre le véritable type de cet empereur romain.

La pose en est simple, noble et naturelle. Le manteau, dans ses parties antiques, a un *faire* large et facile. Les parties nues ne laissent rien à désirer par la beauté des formes et la vérité de l'imitation.

Mais c'est dans l'exécution de la cuirasse que l'artiste a surtout excellé. Une tête d'Isis, voilée, s'élève au milieu d'un croissant et y remplace la tête de Méduse, qu'on retrouve presque toujours sur les cuirasses de l'antiquité; au-dessous, deux barbares captifs sont enchaînés au pied d'un trophée composé de leurs armes; ces ornements sont du goût le plus exquis et d'un travail si achevé, qu'on y reconnaît partout le ciseau d'un grand maître.

Trajan, né à Italica, l'an 52 de l'ère chrétienne, était fils d'un soldat de fortune. Guerrier aussi brave qu'habile, il monta sur le trône en 98 et succéda à l'empereur Nerva, qui l'avait adopté et désigné pour son successeur. Après avoir étendu et assuré la domination romaine par de brillantes victoires, il revint à Rome où, s'entourant d'un cercle d'hommes les plus capables, il fit fleurir la justice, allégea les impôts, apporta de nombreuses améliorations dans toutes les branches de l'administration et couvrit l'empire d'utiles et superbes monuments, dont quelques-uns sont parvenus jusqu'à nous. Trajan est souvent cité comme l'un des meilleurs princes qui aient régné; cependant on lui reproche ses rigueurs envers les chrétiens et des goûts d'intempérance qu'il n'eut pas le courage de réprimer.

XXXVI

JULIE.

Femme de Septime-Sévère, née de parents obscurs, Julie ne monta sur le trône des empereurs romains que par les événements imprévus qui y placèrent son époux. Célèbre par son esprit et sa beauté, elle devint l'idole du peuple, du sénat et de l'armée. La mort même de Septime-Sévère ne diminua en rien les sentiments d'affection et de dévouement qui l'entouraient de toutes parts. Au comble des grandeurs humaines, elle éprouva bientôt toutes les amertumes qui y sont attachées : femme et mère d'empereurs, ses deux fils, par leurs fatales discordes, la plongèrent dans une série d'infortunes qui surpassèrent ses félicités passées. Le plus jeune expira dans ses bras, sous les coups de son frère, qui lui-même devint la victime de ses propres cruautés. Enfin cette malheureuse mère, ne pouvant plus supporter le poids de sa douleur, se retira à Antioche, où elle mit elle-même fin à ses jours.

Ce monument la représente couverte du manteau qui s'élève comme un voile sur sa tête, suivant la coutume des dames romaines, et l'enveloppe tout entière, ne laissant apercevoir que l'extrémité des deux mains. Le mouvement de la tête vers l'épaule semble lui faire prêter l'oreille à quelque discours. L'agencement de la draperie, la légèreté, la souplesse, le sentiment exquis du ciseau qu'on y remarque, mettent ce travail au niveau de ce que l'antiquité a produit de plus merveilleux; le mouvement du corps dont les formes se dessinent parfaitement sous ce vêtement si élégant, est admirable de vérité.

La pose est à la fois simple et majestueuse.

Enfin cette œuvre serait accomplie, si le travail des chairs répondait au mérite des draperies.

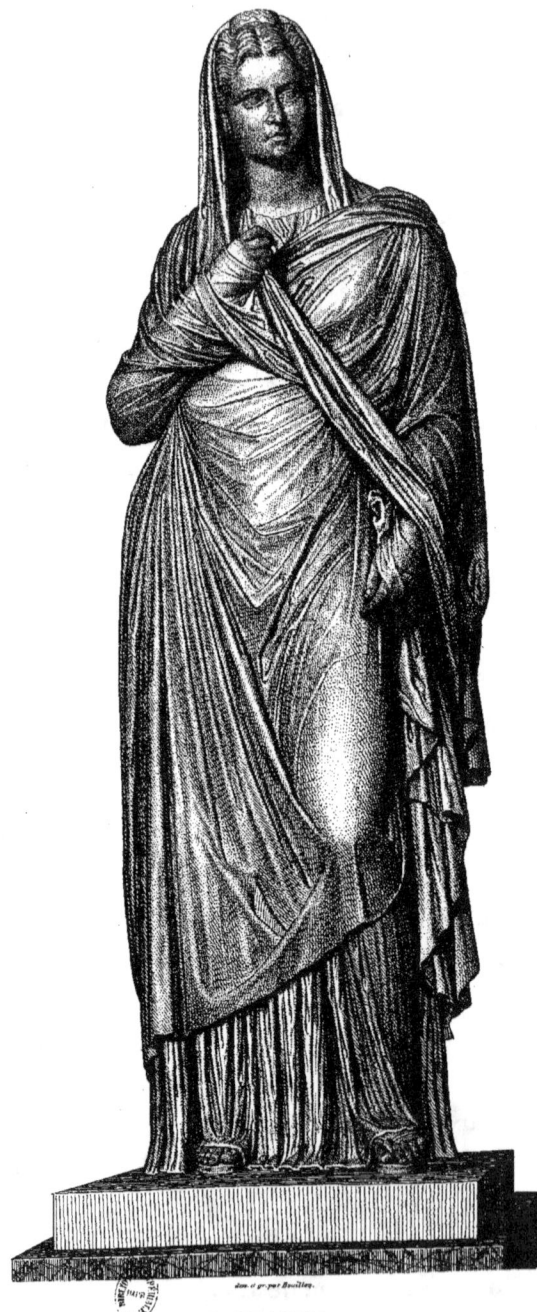

JULIE.

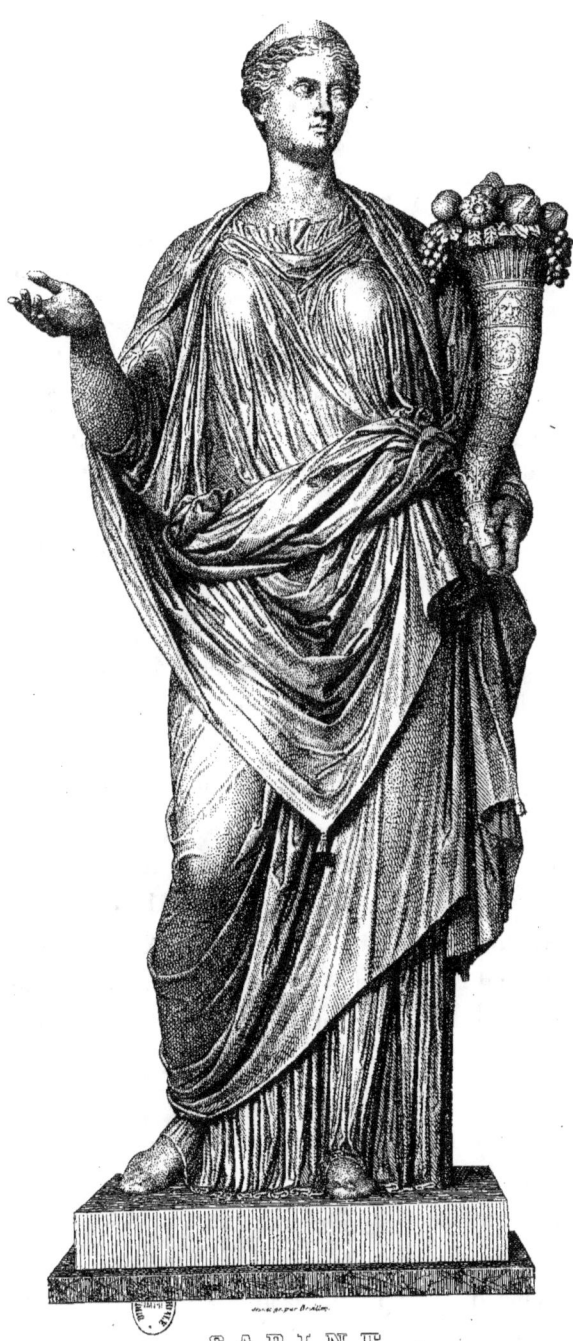

SABINE.

XXXVII

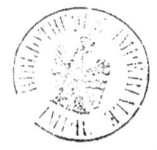

SABINE.

Cette admirable statue représente une dame romaine couverte d'une tunique sur laquelle un manteau est jeté avec grâce.

On reconnaît facilement, à la corne d'abondance qu'elle porte de la main gauche, une personne de la famille des Césars, car, ainsi que nous l'avons déjà dit, à Rome, les hauts personnages avaient l'habitude de se faire représenter avec le symbole de divinités bienfaisantes; de plus, le diadème qui couronne le front de cette belle figure, encore dans la fleur de la jeunesse, était l'attribut ordinaire des déesses ou des impératrices.

L'expression de la tête est des plus gracieuses et le caractère d'une finesse et d'une délicatesse la plus grande.

Mais rien n'est comparable au travail admirable de la draperie.

Tous les détails de l'étoffe sont traités et rendus avec le sentiment le plus exquis et poussés jusqu'au dernier degré de l'art; les masses y sont jetées avec autant de noblesse que d'élégance, et l'œil de l'artiste le plus habile ne peut trouver la moindre tache dans tout l'ensemble de ce beau travail qui réunit toutes les perfections imaginables.

Ce monument est un des plus remarquables que nous possédions.

Sabine (Julie), petite-nièce de Trajan, fut mariée à Adrien par les soins de Plotine, malgré l'opposition de l'empereur. Cette jeune princesse, aussi remarquable par sa beauté et ses grâces que par les qualités du cœur et l'esprit, et qui, en outre, apportait en dot l'empire à son époux, ne put trouver grâce à ses yeux. Elle mourut empoisonnée par lui l'an 138 de l'ère chrétienne. Plus tard, Adrien lui fit rendre les honneurs divins.

XXXVIII

MAMMÉE.

Mère de l'empereur Alexandre Sévère, cette infortunée princesse dont les exemples et les leçons surent former un prince aussi accompli, malgré de grandes qualités, périt, ainsi que son fils, massacrée par les soldats auxquels elle s'était rendue odieuse par son orgueil et son avarice.

La tête de cette statue est d'une belle exécution, d'une grande vérité d'imitation; toutes les parties en sont traitées avec le plus grand soin et la dernière perfection; à la finesse transparente des draperies, qui permet d'entrevoir la beauté et la délicatesse des formes, et surtout au mouvement de la tunique qui, détachée de l'épaule gauche, laisse à nu une partie du sein, il est facile de reconnaître, dans ce corps admirable, le modèle parfait de la plus belle des déesses. Ce travail surpasse celui de la tête, quelle qu'en soit la beauté. L'art s'y présente dans toute sa perfection. Nous doutons qu'il existe une draperie antique qui l'emporte sur celle-ci par la souplesse, la vérité, le sentiment, l'heureux agencement des plis.

Le corps est admirable par l'élégance et la justesse des proportions; la pose est simple, naturelle, et la partie du sein à découvert prouve que l'artiste traitait les chairs avec autant de délicatesse que les draperies.

Cette statue doit occuper un rang distingué parmi les chefs-d'œuvre antiques.

Pl. XXXIX.

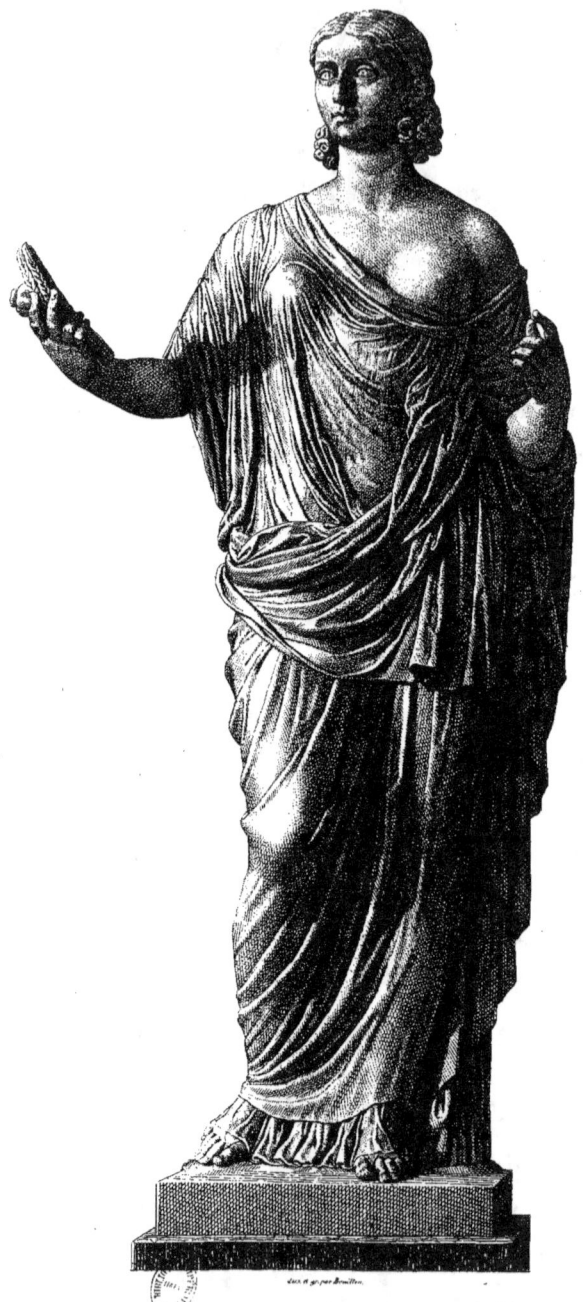

MAMMÉE.

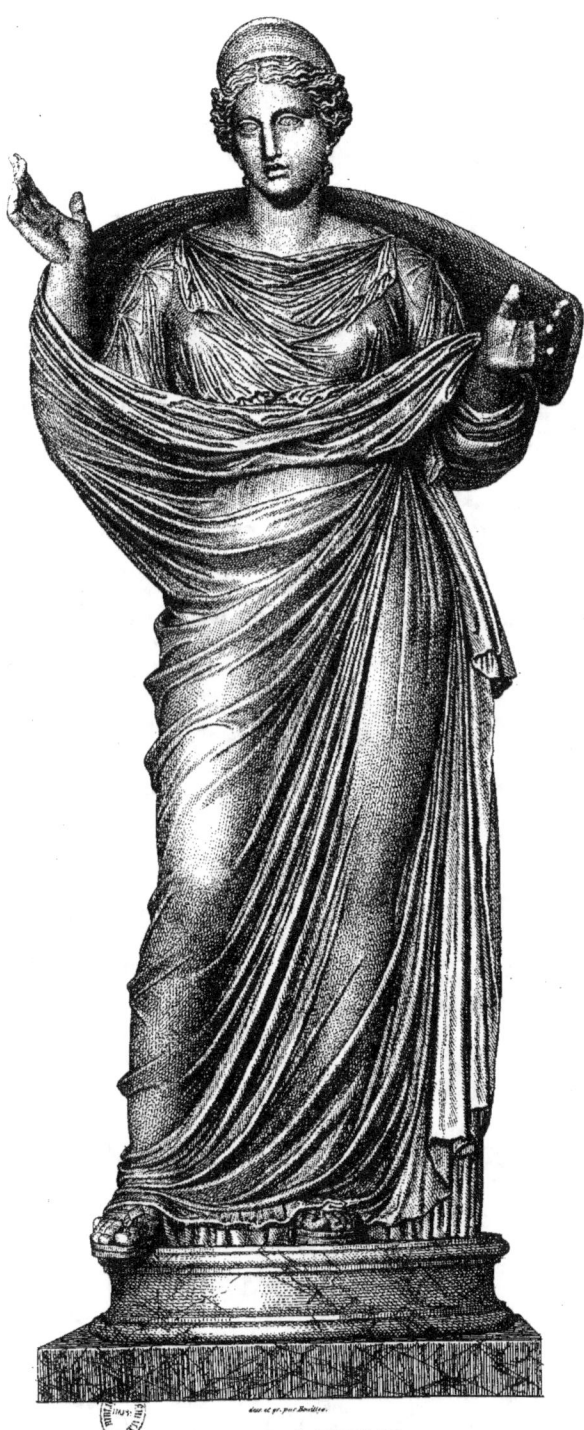

ADORANTE.

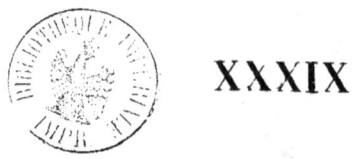

XXXIX

FEMME ADORANT LES DIEUX.

Dans son attitude gracieuse, ce monument nous offre une femme romaine d'un haut rang, dans l'action de prier et d'implorer la protection des dieux.

Nous avons déjà dit qu'à Rome les membres des familles impériales ou de grands personnages se plaisaient souvent à reproduire leur image sur le marbre, sous les traits d'une divinité ou avec des attributs religieux.

Le caractère svelte, élégant, harmonieux des formes de cette statue, lui donne une supériorité marquée sur la plupart de celles que nous venons de décrire.

En effet, il en est peu dont le corps entier se dessine d'une manière plus gracieuse sous les plis légers et ondoyants des draperies, qui, elles-mêmes, sont des chefs-d'œuvre d'art par leur finesse, leur jet plein de grâce, d'élégance, et enfin par le sentiment, la fermeté et la variété avec lesquels elles sont touchées dans tout leur ensemble.

Nous n'avons encore rien vu qui pût surpasser la perfection de ce travail.

La tête de cette statue est également d'une excellente exécution et d'un caractère sublime. En général, la conception, la pose, le sentiment et l'habileté du ciseau de l'artiste, font de ce monument une des œuvres les plus remarquables que nous possédions.

XL

LE PHILOSOPHE POSIDONIUS.

D'après les savantes recherches de Visconti, cette statue représente le célèbre stoïcien Posidonius.

Ce philosophe, né à Apamée, en Syrie, l'an 135 avant Jésus-Christ, vint se fixer dans l'île de Rhodes, et fonda une école célèbre qui jouissait de la plus haute réputation.

Les plus grands personnnages de Rome briguèrent son amitié. Cicéron et Pompée, qui avaient été ses disciples, le visitèrent souvent. Personne n'ignore le mot fameux qui lui échappa un jour que, tourmenté d'un violent accès de goutte, et discutant avec Pompée pour lui prouver que la douleur n'était pas un mal, il s'écria : « Douleur, tu as beau me tourmenter, je n'a» vouerai jamais que tu es un mal. »

Ce qui distingue cette sculpture, c'est la vérité naïve de l'exécution; elle produit presque l'illusion de la chair dans la partie du torse qui reste à découvert et du bras qui sort de dessous le manteau. Ce manteau lui-même est du jet et du travail le plus heureux, et il est impossible d'imaginer une draperie qui enveloppe les formes avec plus de souplesse et tombe avec plus de naturel.

Le philosophe Posidonius était aussi versé dans les mathématiques, la physique et l'astronomie, que dans les sciences philosophiques; ce fut lui qui, le premier, ayant mesuré la circonférence de la terre et la hauteur de l'atmosphère, indiqua que le flux et le reflux de la mer étaient un effet du mouvement de la lune. Il composa plusieurs ouvrages remarquables, et entre autres des traités sur la *Divination* et le *Destin* et sur la nature des dieux, que Cicéron a pris et suivis comme modèles.

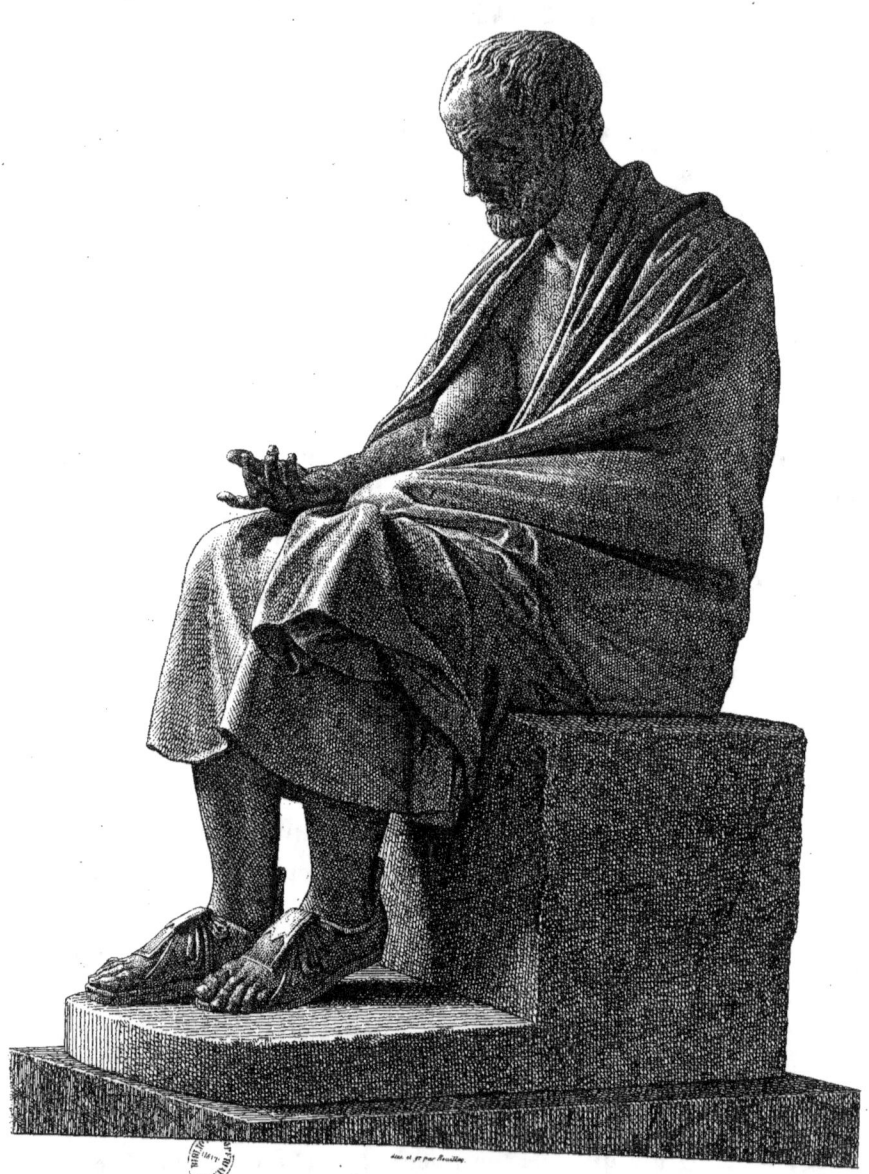

PHILOSOPHE.

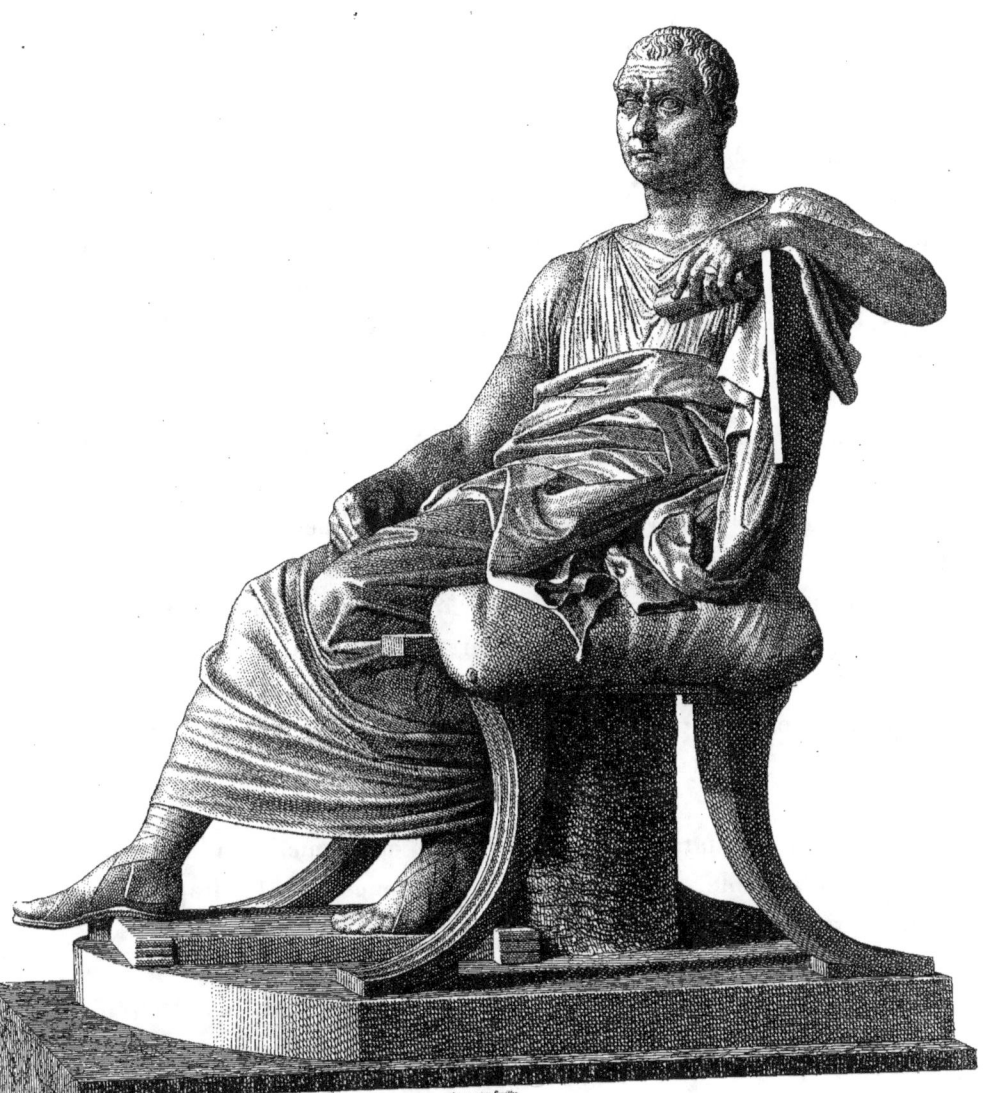

MÉNANDRE.

XLI

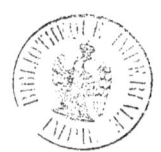

MÉNANDRE.

D'après Visconti, cette statue du prince de la comédie peut être considérée comme le pendant de celle de Posidippe. La nature du marbre, les dimensions, le siége, le costume, etc., tout établit une parité complète entre ces deux monuments qui, d'après ce célèbre antiquaire, n'ont pu devancer le siècle d'Alexandre le Grand.

Ménandre est représenté nonchalamment assis sur un siége à marche-pied garni d'un ample coussin; son attitude exprime la mollesse de ses mœurs et la recherche qu'il mettait dans son habillement et la tenue de sa personne. Fort de la conscience de son mérite, il attachait peu d'importance aux injustices des Athéniens, qui le couronnèrent rarement, et paraissait pleinement satisfait des hommages que lui attirait l'éclat de sa renommée, de la part des plus grands potentats, et de l'estime que lui témoignaient les hommes les plus éclairés.

Ainsi que la statue de Posidippe, le mouvement en est d'une naïveté admirable, la pose a plus d'élégance, et la draperie est jetée avec beaucoup plus de noblesse.

Dans tout l'ensemble du travail, le goût et l'intelligence d'un artiste supérieur s'y décèlent.

Ménandre, poëte comique, vivait l'an 342 avant Jésus-Christ. Il composa un grand nombre de pièces de théâtre dont quelques-unes sont arrivées jusqu'à nous, et qui le firent surnommer le *prince de la nouvelle comédie*. En effet, ces nouvelles pièces de comédie différaient des anciennes, en ce qu'elles n'offraient plus que le tableau des vices et des ridicules de l'humanité en s'abstenant de toutes personnalités. Ce poëte mourut à Athènes, l'an 290 avant Jésus-Christ.

XLII

POSIDIPPE.

Né à Cassandrée, ville de Macédoine, il fut un des poëtes qui, parmi les auteurs de la nouvelle comédie, suivirent les traces de Ménandre.

Il vivait sous le règne des successeurs d'Alexandre le Grand.
Les fragments qui nous restent de ses ouvrages justifient les éloges que lui donna l'antiquité pour l'élégance du style et la moralité des pensées.

L'attitude et la physionomie de cette statue annoncent la méditation et le recueillement.

La tunique grecque, le *pallium* carré, les brodequins, la bague, tout indique le costume fidèle et naïf d'Athènes.

Il est représenté assis sur un siége nommé hémicycle, à cause de la forme circulaire du dossier.

La conception de la pose est pleine de vérité, et l'ajustement d'une élégance et d'une simplicité naïve.

Visconti a cru reconnaître dans cette statue l'une de celles qui décoraient le théâtre d'Athènes, et il appuie cette conjecture sur un des passages de l'historien Pausanias. « Le style large, dit ce célèbre antiquaire, convenait à des statues qui devaient être placées dans de vastes enceintes, telles que celle du théâtre de cette ville célèbre, dont ce monument a dû être un des ornements les plus remarquables. »

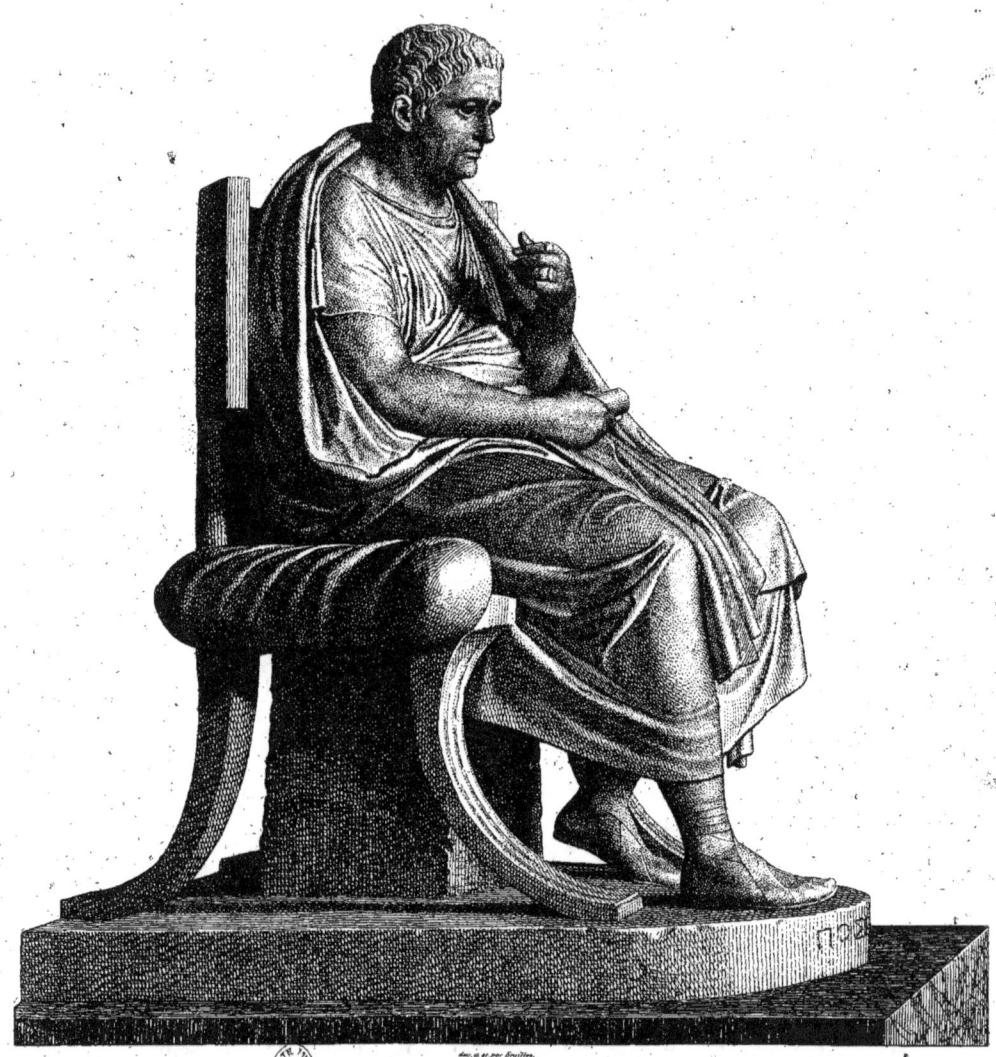

POSIDIPPE.

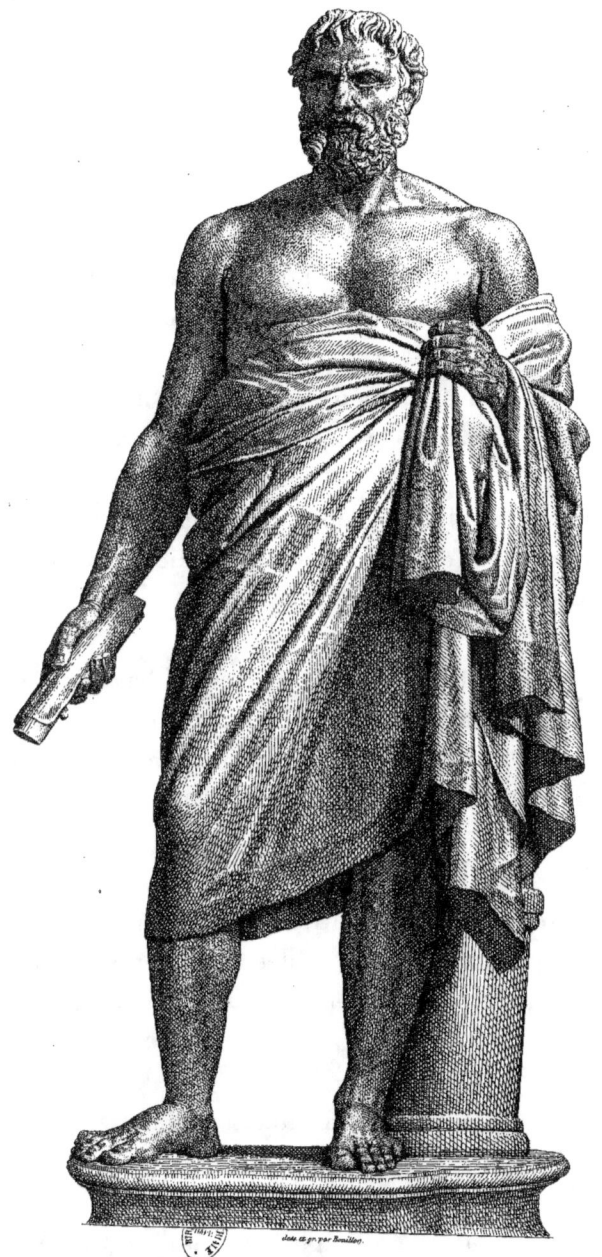

ZÉNON.

XLIII

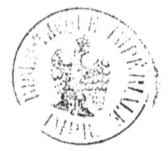

ZÉNON.

A la forme carrée du manteau, à la disposition de la barbe et des cheveux, on reconnaît aisément ce célèbre stoïcien.

Dans cette statue, on trouve de nouveau ce goût exquis, cette raison supérieure qui dirigeaient les artistes de l'antiquité dans la conception comme dans l'exécution de leurs œuvres. Il s'agissait de représenter un vieillard, célèbre sans doute par sa haute intelligence, mais dont les formes communes étaient encore appauvries par les ans et les travaux.

L'imitation de la nature dans toute sa naïveté, l'harmonie qui résulte de cette imitation, toujours admirablement soutenue, y répand un charme de vérité dont l'agréable impression s'augmente, par la noblesse et la fermeté de l'attitude, le jet à la fois élégant et sévère du manteau.

Par une combinaison heureuse, l'artiste a su vaincre habilement les obstacles, et représenter avec des idées aussi grandes qu'élevées son personnage, sans manquer aux conditions qu'exige un simple portrait.

Ce célèbre philosophe, fondateur du stoïcisme, était né à Cittium, dans l'île de Chypre, l'an 340 avant l'ère chrétienne. Il fonda, à Athènes, à l'âge de 40 ans, une école célèbre où ses leçons lui attirèrent une foule de disciples, et entre autres Antigone, roi de Macédoine. La solidité de ses leçons, la sublimité de sa morale et plus encore les beaux exemples de dévouement et de vertu qu'il offrait dans sa conduite privée, lui concilièrent l'estime générale.

Il mourut dans une extrême vieillesse, vers l'an 260 avant Jésus-Christ, entouré de la vénération publique.

XLIV

SEXTUS DE CHÉRONÉE.

Ce célèbre stoïcien, fils de la sœur de Plutarque, est né à Chéronée en Béotie. Il devint précepteur de l'empereur Marc-Aurèle dont il sut développer les heureuses dispositions. Grâce à un tel maître, ce prince, par sa modération, sa justice et sa valeur, a représenté en quelque sorte la philosophie assise sur le trône.

Dans ses *Pensées*, Marc-Aurèle témoigne à ce philosophe la plus vive reconnaissance, et ne parle de lui qu'avec estime et vénération.

A la tunique et au manteau dont ce monument est revêtu, à son attitude méditative, à l'arrangement des cheveux et de la barbe, on y reconnaît, au premier aspect, la gravité d'un philosophe.

C'est une des plus belles statues de l'antiquité, et d'où jaillit le sentiment d'un ciseau savant et original.

La pose est noble, et la figure, où respire la fermeté, est d'un mouvement simple et vrai.

Rien n'est admirable comme le jet du manteau; il est naturel, plein d'élégance et d'une exécution parfaite. La tête est également digne, sous tous les rapports, de fixer l'attention des hommes de l'art.

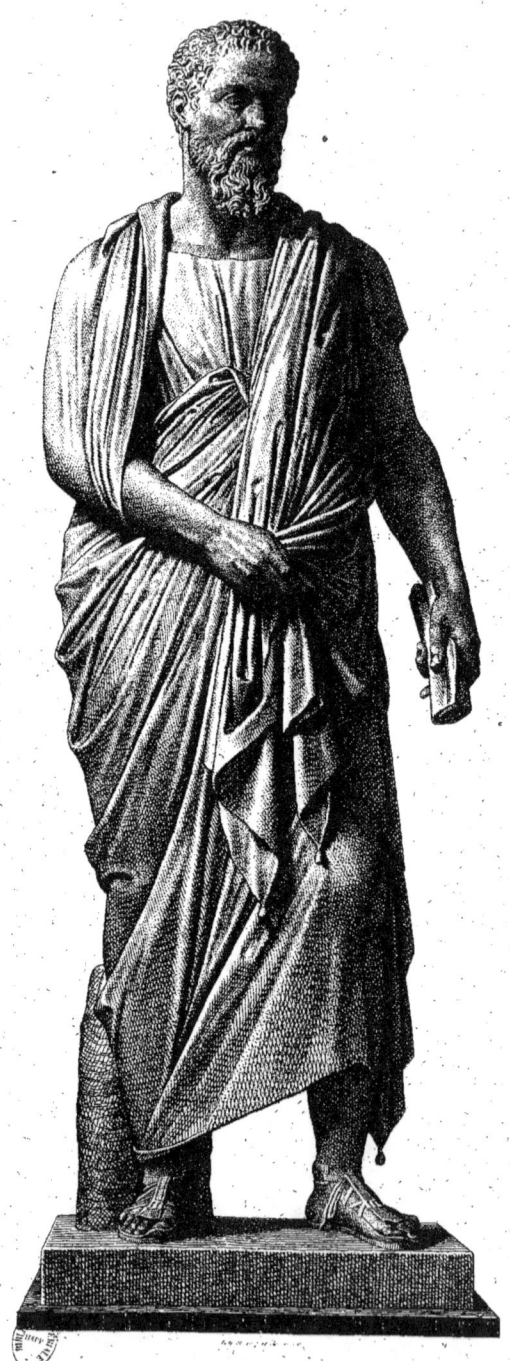

Pl. XCVII.

SEXTUS DE CHÉRONÉE

Pl. LII.

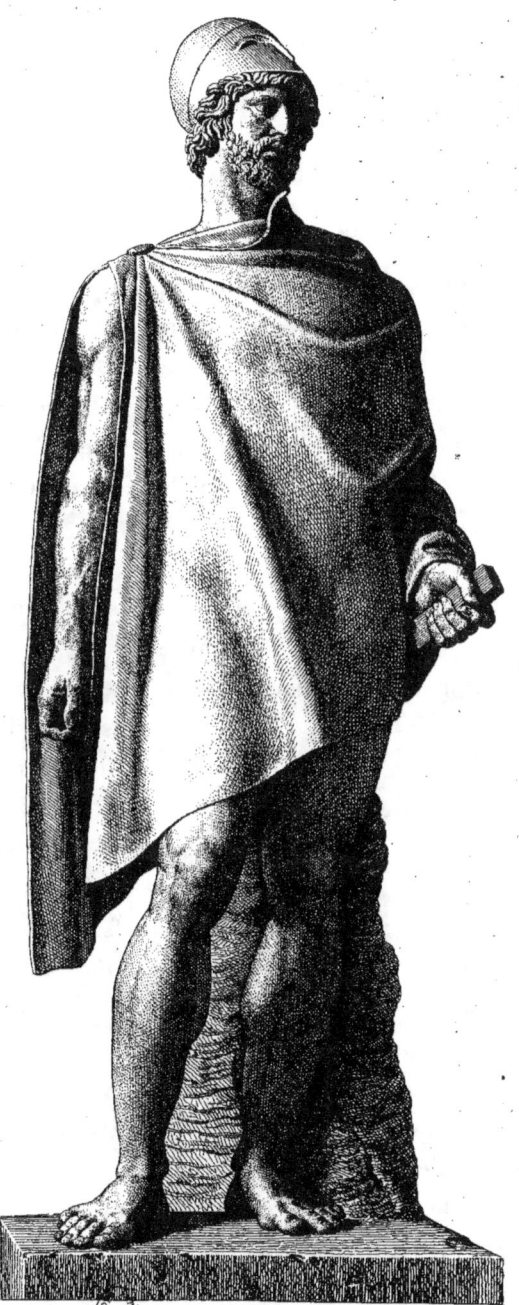

PHOCION.

XLV

PHOCION.

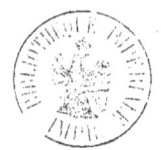

A l'expression de noblesse et de sévérité empreinte sur le visage de cette statue, à l'aspect de ce corps souple et musculeux endurci par les fatigues des camps et des privations, fortifié par de rudes exercices; à sa chlamyde étroite et grossière jetée sur ses épaules; à cette barbe et à ces cheveux incultes, il est facile de reconnaître un des derniers héros de la Grèce, et l'un de ses plus vaillants guerriers.

Ce monument est une des conceptions les plus sublimes de la sculpture antique par l'effet qu'il produit avec les moyens les plus simples. L'habile sculpteur, en plaçant le manteau d'une étoffe épaisse et grossière sur les épaules de l'intrépide soldat, l'a ajusté avec un tel art qu'il ne dérobe à l'œil aucune des formes principales d'un corps plein de vigueur et de beauté. Ce manteau cependant paraît jeté avec tant de négligence, qu'il semble y avoir été posé par le hasard. L'ensemble de ce chef-d'œuvre, non-seulement charme l'œil par tous ses rapports, naïfs, nobles et harmonieux entre eux, mais il plonge en même temps l'esprit dans une délicieuse admiration, et lui révèle l'idée de tout ce qu'il y a de sublime et d'élevé dans les arts.

Ce célèbre général athénien vivait 400 ans avant l'ère chrétienne. Aussi brave qu'éloquent, il rendit des services si éminents à sa patrie qu'elle le nomma quarante-cinq fois général en chef. Ses talents lui attirèrent, comme toujours, l'envie, et ses vertus civiques la haine des méchants. Ses ennemis profitèrent de l'occupation d'Athènes par les troupes d'Alexandre le Grand, pour exciter contre lui les fureurs de la populace, qui le condamna à boire la ciguë. Peu de temps après, les Athéniens, honteux de leur injustice et rougissant de leur ingratitude, lui élevèrent un grand nombre de statues.

XLVI

CENTAURE BORGHÈSE.

L'expression douloureuse de la figure du centaure, dont les mains sont enchaînées, les attributs et l'attitude de l'enfant, offrent, dans cette ingénieuse allégorie, le triomphe de Bacchus sur ces êtres féroces et monstrueux auxquels il ôtait à la fois la force brutale et les faibles lueurs de l'intelligence.

Un très-grand sentiment anime l'exécution de ce beau monument; on y remarque le fini le plus précieux, particulièrement dans le travail admirable de la tête.

Le torse et le corps du cheval présentent les touches les plus larges et une imitation aussi naïve que belle de la nature.

L'enfant est également plein de naïveté et de vérité. La correction et le goût du dessin, le contraste heureux et piquant des figures, la vérité et la grâce de leurs mouvements, tout concourt à rendre cette belle statue l'une des plus remarquables et des plus dignes de notre admiration.

Les centaures, ces monstres moitié hommes, moitié chevaux, nés d'Ixion et d'une Nue, habitaient les monts Ossa et Pélion, en Thessalie; les poëtes les représentent armés de massues, se servant adroitement de l'arc, et se rendant partout redoutables par leur force et leur adresse. Les plus célèbres d'entre eux furent les centaures Nessus, Chiron, Eurytus, Amycus et Pholus.

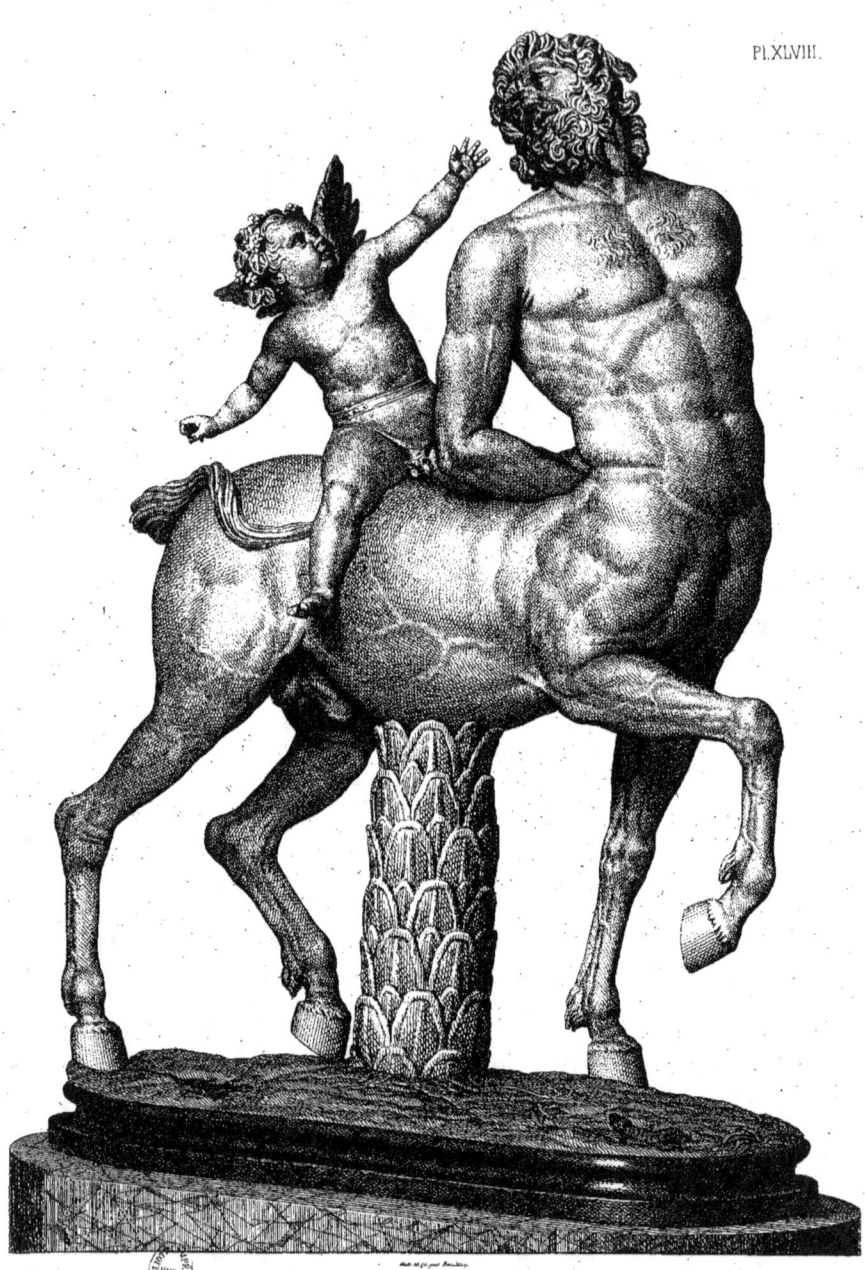

CENTAURE-BORGHÈSE.

TABLE.

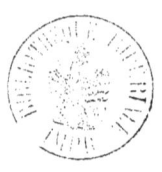

La Providence.	I	Bacchus indien, dit Sardanapale	XXIV
Junon	II	Thétis	XXV
Minerve	III	Leucothée	XXVI
Diane	IV	Amazone	XXVII
Jupiter	V	Antinoüs-Aristée	XXVIII
Livie en Cérès	VI	Nymphe	XXIX
Esculape	VII	Thésée	XXX
Flore	VIII	Ariane	XXXI
Vénus de Mélos	IX	Tibère	XXXII
Apollon Musagète	X	Titus	XXXIII
Clio	XI	Germanicus	XXXIV
Euterpe	XII	Trajan	XXXV
Thalie	XIII	Julie	XXXVI
Melpomène	XIV	Sabine	XXXVII
Terpsichore	XV	Mammée	XXXVIII
Erato	XVI	Femme adorant les dieux	XXXIX
Polymnie	XVII	Le philosophe Posidonius	XL
Uranie	XVIII	Ménandre	XLI
Calliope	XIX	Posidippe	XLII
Némésis	XX	Zénon	XLIII
Cérès-Borghèse	XXI	Sextus de Chéronée	XLIV
Diane de Gabies	XXII	Phocion	XLV
Hygie	XXIII	Centaure Borghèse	XLVI

www.ingramcontent.com/pod-product-compliance
Lightning Source LLC
Chambersburg PA
CBHW052301220526
45471CB00001B/444